BARRIE PUBLIC LIBRARY
31862800042737

D0672733

DU MÊME AUTEUR

Aux Éditions Gallimard

AU BONHEUR DES OGRES (« Folio », n° *1972*).

LA FÉE CARABINE (« Folio », n° *2043*).

LA PETITE MARCHANDE DE PROSE (« Folio », n° *2342*). Prix du Livre Inter 1990.

COMME UN ROMAN (« Folio », n° *2724*).

MONSIEUR MALAUSSÈNE (« Folio », n° *3000*).

MONSIEUR MALAUSSÈNE AU THÉÂTRE (« Folio », n° *3121*).

MESSIEURS LES ENFANTS (« Folio », n° *3277*).

DES CHRÉTIENS ET DES MAURES. Première édition en France en 1999 (« Folio », n° *3134*).

LE SENS DE LA HOUPPELANDE. *Illustrations de Tardi* (« Futuropolis »/Gallimard).

LA DÉBAUCHE. *Bande dessinée illustrée par Tardi* (« Futuropolis »/Gallimard, puis « Folio BD » n° *5502*).

AUX FRUITS DE LA PASSION (« Folio », n° *3434*).

LE DICTATEUR ET LE HAMAC (« Folio », n° *4173*).

MERCI.

MERCI *suivi de* MES ITALIENNES, chronique d'une aventure théâtrale, *et de* MERCI, adaptation théâtrale (« Folio », n° *4363*).

MERCI. *Mise en scène et réalisation de Jean-Michel Ribes. Musique* « Jeux pour deux », 1975, *de François Vercken* (« DVD » conception graphique d'Étienne Théry).

CHAGRIN D'ÉCOLE (« Folio », n° *4892*). Prix Renaudot 2007.

JOURNAL D'UN CORPS (« Folio » n° *5733*).

LE 6ᵉ CONTINENT *suivi d'*ANCIEN MALADE DES HÔPITAUX DE PARIS.

ANCIEN MALADE DES HÔPITAUX DE PARIS, « Folio » n° *5873*, « Écoutez lire ».

LE CAS MALAUSSÈNE 1. ILS M'ONT MENTI.

Suite des œuvres de Daniel Pennac en fin d'ouvrage

MON FRÈRE

DANIEL PENNAC

MON FRÈRE

nrf

GALLIMARD

Il a été tiré de l'édition originale de cet ouvrage
soixante exemplaires sur vélin rivoli
des papeteries Arjowiggins numérotés de 1 à 60.

Les textes de *Bartleby le scribe* d'Herman Melville, choisis par l'auteur en vue d'une adaptation de la nouvelle au théâtre et reproduits ici, sont extraits de la traduction de Pierre Leyris (« Folio Bilingue » n° 115, Éditions Gallimard).

Page 45 : *Eh Toto*, paroles et musique de Boby Lapointe © Warner Chappell Music France, 1962.
Page 128 : photographie collection personnelle.

© *Éditions Gallimard, 1995, pour la traduction française*
de Bartleby le scribe.
© *Éditions Gallimard, 2018.*

Pour Loïc

Je vous connais et je n'ai rien à vous dire.

Herman MELVILLE,
Bartleby le scribe

1

Le désir de monter au théâtre le *Bartleby* de Melville m'est venu un jour que je pensais à mon frère Bernard. Je conduisais sur l'autoroute du Sud, entre Nice et Avignon. Un bolide venait de me doubler, un de ces projectiles de luxe comme on en trouve tant sur cette portion d'autoroute. Ferrari, peut-être, du rouge en tout cas, et du neuf. J'étais un homme d'âge mûr et n'avais jamais acheté une voiture neuve de ma vie.

— On ne va tout de même pas ajouter à l'entropie...

Un des principes de mon frère mort.

— Usons l'usé ?

— C'est ça, n'abusons pas, usons l'usé.

Il était mort depuis seize mois. Sa présence me manquait. Nous habitions à sept cents kilomètres l'un de l'autre, nous nous voyions assez peu mais nous nous téléphonions souvent. Dans les premières semaines qui suivirent sa mort il m'est arrivé de décrocher le téléphone pour l'appeler. Arrête. Ne fais pas le fou. On souffre beaucoup mais on n'est pas fou de douleur. Je raccrochais sans composer son numéro, en m'accusant de m'être offert une petite représentation de deuil fraternel.

Seize mois plus tard il me manquait encore quotidiennement. Mais il s'invitait souvent. Avec tact, je dois dire. Il s'installait discrètement en moi. Mon cœur n'accusait plus le coup. Les larmes ne me venaient plus. Mon frère débarquait à brûle-pourpoint et mon chagrin avait cessé de le rejeter. L'émotion se faisait accueillante. Je l'acceptais en l'état. Je constatais sa présence parce qu'une bagnole me doublait à toute allure sur l'autoroute du Sud. Cette flamme qui me frôle, ce point rouge si vite à l'horizon, l'écho tenace de l'échappement, je viens d'être doublé par l'exact contraire de mon frère. C'est à cet instant précis que m'est venu le désir de relire le *Bartleby* de Melville, de le monter au théâtre et de le jouer. Un de mes regrets – mais bien sûr ça ne veut rien dire – c'est que Bernard n'ait pas vu le spectacle.

— Bartleby... En voilà un qui n'ajoutait pas à l'entropie.

C'est ce qu'il m'aurait dit, à coup sûr.

2

À la suite de l'annonce que j'insérai, un jeune homme immobile apparut un matin sur le seuil de mon étude (nous étions en été et la porte était ouverte). Je vois encore cette silhouette lividement propre, pitoyablement respectable, incurablement abandonnée ! C'était Bartleby.

Après quelques mots touchant ses capacités, je l'engageai, heureux d'avoir dans mon corps de copistes un homme aussi singulièrement paisible qui ne manquerait pas, pensais-je, d'exercer une influence salutaire sur le tempérament évaporé de Dindon et sur les esprits ardents de Lagrinche. C'étaient là des surnoms que mes deux autres scribes s'étaient mutuellement décernés et qui passaient pour définir leurs personnes et leurs caractères respectifs.

Dindon était un Anglais trapu et bedonnant, qui, le matin, était le plus civil, le plus débonnaire et le plus respectueux des hommes, mais, passée l'heure du déjeuner il faisait des taches, mettait ses plumes en pièces, envoyait promener ses papiers avec une inconvenance de manière fort triste à observer chez un homme qui avait à peu près le même âge que moi, c'est-à-dire qu'il frisait la soixantaine.

Lagrinche, lui, était un jeune homme qui pouvait avoir dans les vingt-cinq ans, parfaitement sobre celui-là, mais chez qui la nature avait tenu lieu de vigneron en lui donnant dès la naissance un tempérament si foncièrement irritable et comme alcoolique que toute libation était inutile. Heureusement pour moi, sa nervosité irascible, son intolérance ricaneuse se manifestaient principalement le matin. En sorte que je n'avais jamais à supporter en même temps les excentricités de mes deux employés.

Gingembre, le troisième, était un gamin d'une douzaine d'années dont la fonction consistait essentiellement à pourvoir Dindon et Lagrinche en gâteaux et en pommes.

Quant à moi, je suis un de ces hommes de loi sans ambition, qui jamais n'interpellent un jury ni ne suscitent en aucune manière les applaudissements publics, mais qui, à Wall Street, dans la fraîcheur tranquille d'une retraite douillette, besognent douillettement parmi les obligations, les hypothèques et les titres de propriété des riches.

3

À la façon dont il décrit son métier, le narrateur de Melville, avoué de son état, éphémère « consciller à la Cour de la Chancellerie », serait plutôt chez nous un notaire. J'ai donc monté *Bartleby le scribe* sous la forme du monologue que tient ce notaire dont je me suis attribué le rôle, et, seul en scène, je l'ai joué une centaine de fois. Deux versions successives : une première avec metteur en scène, musique, décors et déplacements, puis la mienne, ni metteur en scène, ni musique, ni décors, une chaise, une corbeille à papier renversée, quelques feuilles froissées éparpillées sur le plateau.

C'est mon découpage que je reproduis ici. Les coupes sont nombreuses (le spectacle ne durait qu'une heure quinze), elles constituent une amputation importante du texte et ne peuvent qu'inciter à lire la nouvelle dans sa version intégrale.

4

J'ai oublié de dire que des portes à double battant de verre dépoli divisaient mon bureau en deux compartiments, occupés l'un par mes scribes, l'autre par moi-même. Je résolus d'assigner à Bartleby un coin près des portes, mais de mon côté, afin de pouvoir aisément appeler à moi cet homme tranquille si j'avais quelque petite chose à lui faire faire. Je plaçai donc son pupitre dans cette partie de la pièce, tout contre une fenêtre qui, du fait de constructions nouvelles, n'offrait plus de vue du tout, bien qu'elle donnât quelque lumière. Afin de rendre cet arrangement plus satisfaisant encore, je dressai un grand paravent vert qui mettrait Bartleby entièrement à l'abri de mon regard tout en le laissant à portée de ma voix. Ainsi nous nous trouvâmes en quelque sorte unis, mais chacun en privé tout ensemble.

Pour commencer, Bartleby abattit une extraordinaire quantité d'écritures. On eût dit d'un homme longtemps affamé de copie et se gorgeant de mes documents. Il ne s'arrêtait pas pour digérer, mais tirait jour et nuit à la ligne, copiant à la lumière du soleil comme à celle des bougies. J'aurais été ravi de son application s'il avait été allègrement industrieux.

Mais il écrivait toujours silencieusement, lividement, machinalement.

C'est, il va sans dire, une part indispensable du travail de scribe que de vérifier mot à mot l'exactitude de sa copie. Lorsqu'il y a deux scribes ou plus dans une étude, ils s'assistent mutuellement dans cet examen, l'un lisant la copie, l'autre prenant en main l'original. Si j'avais placé Bartleby aussi près de moi derrière le paravent, c'était, précisément, pour user de ses services à ces menues occasions.

Il était, je crois, depuis trois jours avec moi, et ses propres écritures n'avaient pas encore dû être collationnées lorsque, fort pressé d'expédier une petite affaire en cours, j'appelai tout à coup Bartleby. Dans ma hâte et dans ma confiance en son obéissance immédiate, j'étais assis la tête penchée sur l'original, et la main droite tendant la copie de flanc avec quelque nervosité, afin que Bartleby pût s'en saisir dès l'instant qu'il émergerait de sa retraite. Telle était donc exactement mon attitude lorsque je l'appelai en lui expliquant rapidement ce que j'attendais de lui : à savoir qu'il collationnât avec moi un bref mémoire.

Imaginez ma stupeur, non, ma consternation lorsque, sans quitter sa solitude, Bartleby répondit d'une voix singulièrement douce et ferme :

— Je préférerais pas.

L'idée me vint aussitôt que mes oreilles m'avaient abusé ou que Bartleby s'était entièrement mépris sur le sens de mes paroles. Je répétai ma requête de la voix la plus claire que je pusse prendre. Mais tout aussi clairement retentit la même réponse que devant :

— Je préférerais pas.

— Vous préféreriez pas ? fis-je en écho, me levant avec

beaucoup d'excitation et traversant la pièce à grandes enjambées. *Que voulez-vous dire ? Êtes-vous tombé sur la tête ? Je veux que vous m'aidiez à collationner ce feuillet-ci... Tenez.*

Et je le lui tendis.

— *Je préférerais pas,* dit-il.

5

Au premier refus de Bartleby, le public rit. On est chez Guignol, l'employé tape sur le patron, vive l'employé ! Ils rient. C'est un bon rire, surprise et solidarité, un rire fraternel. Un rire d'expectative aussi. On attend la suite. Un début pareil, ça promet.

— *Je préférerais pas, dit-il.*

6

Je le regardai fixement. Son visage offrait une maigreur tranquille ; son œil gris une vague placidité. Si j'avais décelé dans ses manières la moindre trace d'embarras, de colère, d'impatience ou d'impertinence ; en d'autres termes, si j'avais reconnu en lui quelque chose d'ordinairement humain, je l'eusse sans aucun doute chassé violemment de mon étude. Mais en l'occurrence autant mettre à la porte mon pâle buste de Cicéron en plâtre de Paris.

Je restai quelque temps à le considérer tandis qu'il poursuivait ses propres écritures, et puis je retournai m'asseoir à mon bureau. Voilà qui est étrange, pensai-je. Quel parti prendre ? Mais les affaires pressaient. Je décidai d'oublier provisoirement l'incident, le réservant à d'ultérieurs loisirs. J'appelai donc Lagrinche du fond de l'autre pièce, et le mémoire fut rapidement collationné.

7

Dans la première mise en scène, les bureaux du notaire étaient symbolisés par des piles de vieux journaux. Un drapé blanc en fond de scène réfractait la lumière, me donnant le public à voir. Je les voyais très bien, tous, dans leurs fauteuils, ce qui faisait de moi le spectateur de la pièce qu'ils me donnaient eux-mêmes, chaque soir semblable et différente. Ils sortaient du travail. Ils venaient s'asseoir ici, dans ce théâtre-ci, à dix-neuf heures, pour écouter une lecture. (C'est ainsi que l'affiche présentait le spectacle : *Bartleby* d'Herman Melville, lecture-spectacle.) La plupart d'entre eux étaient fatigués. Cela s'entendait dès le brouhaha de leur installation qu'un haut-parleur diffusait dans ma loge. Et, de la scène, cela se voyait. C'était une fatigue de bureaux, de commerces, de professeurs, de médecins, d'employés, de journalistes, de gens qui toute la journée avaient eu affaire à d'autres gens. Et subi les trépidations de la ville. C'était une fatigue parisienne. En province, autre fatigue : je jouais à vingt et une heures, les spectateurs avaient dîné, ils venaient en famille. La digestion parfois endormait les plus âgés. Je prenais garde à ne pas les réveiller tout en veillant à ne pas endormir les autres. Il y a de la confiance à s'assoupir au théâtre. Ce n'est pas un signe d'intérêt passionné pour le texte, certes, mais c'est placer notre sommeil sous la protection d'une voix. Un délice de régression dont j'abuse moi-même assez souvent.

Au premier refus de Bartleby, donc, le public riait. Même si j'atténuais le comique de la situation, l'expression *Je préférerais pas* opposée à l'ordre impératif d'un employeur amusait les spectateurs. Ils prenaient parti. Peut-être riaient-ils contre les concessions qu'ils avaient eux-mêmes faites à l'autorité, ce jour-là.

I would prefer not to. Moi aussi, d'ailleurs, je trouvais la formule amusante. Pourtant, je connaissais la fin.

8

Quelques jours après, Bartleby acheva quatre longs documents. Il devint nécessaire de les collationner. Le procès était important, la plus grande précision s'imposait. Après avoir préparé toutes les pièces, j'appelai Dindon, Lagrinche et Gingembre dans mon bureau, avec le dessein de placer les quatre copies entre les mains de mes quatre employés tandis que je lirais l'original. Dindon, Lagrinche et Gingembre s'étaient donc assis en rang, chacun tenant en main son document, lorsque je criai à Bartleby de venir se joindre à ce groupe intéressant.

— Bartleby ! Vite, j'attends.

J'entendis les pieds de sa chaise grincer lentement sur le plancher nu, et bientôt il apparut à l'entrée de son ermitage.

— Que désirez-vous ? demanda-t-il suavement.

— Les copies, les copies, dis-je d'un ton pressé. Nous allons les comparer. Tenez…

Et je lui tendis le quatrième duplicata.

— Je préférerais pas, dit-il, et il disparut doucement derrière le paravent.

9

C'est une clinique privée qui a tué mon frère. On pratique une résection de la prostate, on perce accidentellement l'intestin, tout s'infecte, votre frère meurt de septicémie. Quand j'arrive au chevet de mon frère mort il est enflé comme une outre, rendu méconnaissable par les gaz. On a fait de lui, si maigre, un cadavre obèse aux paupières boursouflées. Bien entendu ce n'est la faute de personne : ni du chirurgien qui n'admet pas son erreur, ni de l'unique infirmière qui n'a pas vu la fièvre monter, ni de l'anesthésiste de garde, ailleurs ce jour-là, ni de la clinique en général qui, pendant que je veille mon frère mort, demande encore à la clientèle de bien vouloir faire la publicité de ses bons résultats. C'est ce dont me prie une affichette collée à la vitre de la caisse. J'ai déchiré l'affiche (c'était un geste enfantin) et je n'ai plus su quoi faire.

10

Je demeurai pendant quelques instants comme un pilier de sel. Puis, me ressaisissant, je m'avançai vers le paravent et demandai la raison d'une conduite aussi insolite.

— Pourquoi refusez-vous ?

— Je préférerais pas.

Avec tout autre que lui je fusse aussitôt entré dans une colère terrible et, sans daigner ajouter un mot, je l'eusse ignominieusement banni de ma présence. Mais il y avait quelque chose en Bartleby qui me désarmait étrangement, bien plus, qui me touchait et me déconcertait d'une façon extraordinaire. Je me mis à raisonner avec lui.

— Ce sont vos propres copies que nous allons collationner. Nous vous épargnerons ainsi du travail, puisqu'un seul examen vaudra pour vos quatre exemplaires. C'est l'usage. Tout copiste est tenu d'aider à collationner sa copie. N'est-il pas vrai ? Ne parlerez-vous pas ? Répondez !

— Je préfère pas, répondit-il d'une voix flûtée.

Il m'avait semblé, tandis que je lui parlais, qu'il retournait soigneusement chacune de mes déclarations dans sa tête ; qu'il en saisissait pleinement le sens ; qu'il ne pouvait contredire à l'irrésistible conclusion ; mais qu'en même temps, quelque considération souveraine l'obligeait à répondre comme il le faisait.

— Vous êtes donc décidé à ne point faire droit à ma requête... Une requête dictée par l'usage commun et le sens commun ?

Il me donna brièvement à entendre que, sur ce point, mon jugement était juste : oui, sa décision était irrévocable.

— Dindon, dis-je, qu'en pensez-vous ? Ne suis-je pas dans le vrai ?

— Avec votre permission, monsieur, dit Dindon de sa voix la plus débonnaire, il me semble que vous l'êtes.

— Et vous, Lagrinche, qu'en pensez-vous ?

— Je pense qu'à votre place je le jetterais à la porte du bureau à coups de pied.

(Il ne vous aura pas échappé qu'à cette heure matinale, la réponse de Dindon est couchée en termes polis et paisibles tandis que celle de Lagrinche est véhémente.)

— Et vous, Gingembre, dis-je, désireux de rallier à moi les moindres suffrages, qu'en pensez-vous ?

— Je pense, monsieur, qu'il travaille un brin du chapeau, répondit Gingembre en ricanant.

— Vous entendez, dis-je en me tournant vers le paravent. Sortez de là et faites votre service.

Mais il ne daigna pas répondre.

Je me débattis quelques instants dans une cruelle perplexité. Cependant, une fois de plus, le travail pressait. Je décidai encore de remettre à plus tard l'examen de ce dilemme. Nous procédâmes avec quelque embarras au collationnement des minutes sans Bartleby.

11

À vrai dire, on me l'avait déjà tué une fois, mon frère. La même clinique ? Le même chirurgien ? Ce n'est pas impossible, il n'était pas rancunier, il était tout à fait capable de s'offrir deux fois au même bistouri incompétent, histoire de ne vexer personne. C'était d'ailleurs la même opération, quelques années plus tôt, cette fichue prostate. Il y eut une hémorragie massive pendant la résection, son sang coulait à flots, entraînant sa vie avec lui. Branle-bas de combat, on s'agite dans tous les sens et finalement on le récupère par un cheveu.

À moi il offrit une version plus intéressante de sa résurrection. Il me raconta qu'il avait connu cette manifestation psychique ou sensorielle : la lumière au bout du tunnel, sublimée en vision du Saint-Graal par les morts cliniques qui croient être passés de l'autre côté.

— Figure-toi que je l'ai vu ce fameux tunnel de lumière, cette bêtise qui traîne dans tous les journaux de salle d'attente : « Il était mort, il a vu la lumière, il en est revenu transfiguré. » Notre archaïque besoin de transcendance...

En avançant dans ce tunnel aux parois irisées par la lumière de la sortie, il trouvait amusant d'être le bénéficiaire d'un miracle auquel il ne croyait pas. Cet état d'ubiquité mentale l'intéressait. Il avançait donc, agonisant lucide, vers la sortie lumineuse.

— J'étais quand même un peu vexé que la mort me prenne pour un crétin.

Et puis, en cours de route, il se prit, non pas à y croire, disons à espérer. Il cédait à la tentation faite au sceptique. Et si, après tout, la mort proposait une immense tranquillité après l'effarant vacarme de la vie ? Et si, derrière cette lumière, dont il contestait l'origine surnaturelle, l'attendait un éden où il ne serait plus bombardé par les convictions des uns et des autres, où se tairait enfin la clameur assassine des certitudes et des envies ?

— C'était tentant, tu sais !

Tellement qu'il fut à deux doigts de lâcher prise, de se laisser aspirer par le paradis des incrédules.

— Mais je me suis dit, non, je ne peux pas faire ça, Daniel sera trop triste. Alors, j'ai fait machine arrière. J'avais une espèce de roue latérale pour ça, montée sur un rail. Je l'ai actionnée dans l'autre sens et me voilà.

Nous nous promenions avec son chien dans la garrigue derrière chez lui, le jour où il me fit cet aveu.

— Tu es en train de me dire que tu m'as sacrifié ta mort ? Le sacrifice suprême dans la résurrection ! Merci ! Vraiment !

— Tu peux. Vivre, ce n'est pas la moindre des choses.

12

Quelques jours passèrent, pendant lesquels le scribe s'absorba de nouveau dans une longue tâche. La façon dont il s'était comporté m'incita à observer étroitement ses mouvements. Je constatai qu'il n'allait jamais déjeuner ; qu'en fait il n'allait jamais nulle part. Il montait perpétuellement la garde dans son coin. Vers onze heures du matin toutefois, je remarquai que Gingembre s'avançait vers l'ouverture du paravent de Bartleby comme s'il y avait été silencieusement convié par un geste que je ne pouvais voir de ma place. Le gamin quittait alors l'étude en faisant tinter quelques sous et réapparaissait avec une poignée de biscuits au gingembre qu'il délivrait à l'intérieur de l'ermitage en recevant deux biscuits pour sa peine.

Il vit donc de biscuits au gingembre, pensai-je ; il ne prend jamais, à proprement parler, de déjeuner, il ne mange que des biscuits au gingembre. Or, qu'est-ce que le gingembre ? Une substance épicée, échauffante. Bartleby était-il épicé, ou échauffé ? Point du tout. Le gingembre n'avait aucun effet sur Bartleby. Sans doute celui-ci préférait-il qu'il n'en eût point.

13

De quoi nous nourrissons-nous ?

Un soir de notre adolescence, nous prenions l'apéritif, mon frère et moi, chez une tante haute en couleur et en mots. Les mots étaient son affaire. Elle en appréciait l'exactitude. Elle savait les faire entrer dans leur juste case. C'était d'ailleurs une cruciverbiste émérite.

L'heure tournant, je me levai :

— Bon, ce n'est pas tout ça mais il faut qu'on y aille, on va manger chez les R.

Ma tante me regarda comme si elle avait avalé son dictionnaire :

— Mais non, voyons, vous allez *dîner*, chez les R !

Mon frère tempéra doucement :

— Oui, mais tu connais Daniel, il en profitera certainement pour manger quelque chose.

Toute notre vie je me suis alimenté à son humour.

Châlons-en-Champagne – à l'époque Châlons-sur-Marne. J'avais dix ou onze ans. Lui cinq de plus. « C'est le seul domaine où tu ne me rattraperas jamais. » (Sur ce point, hélas, il s'est trompé.) Nos parents recevaient.

Ces soirs-là nous mangions à la cuisine, charge à lui de faire cuire notre steak et de le partager. Ce qu'il faisait toujours de la même façon : une fois la viande cuite, il la coupait en deux parts scandaleusement inégales, me donnait la minuscule et laissait tomber de très haut la gigantesque dans son assiette. Je poussais des hurlements :

— Salaud ! C'est dégueulasse ! Je le dirai à maman !

Il me regardait, surpris :

— Si tu t'étais servi, laquelle aurais-tu prise ?

— La petite !

— Eh bien tu l'as, de quoi tu te plains ?

Le drôle était que nous ne nous disputions pas ; nous jouions à nous disputer. La scène, indéfiniment répétée – il l'empruntait d'ailleurs à une histoire de Nasreddin –, était un simulacre de conflit dont nous ne nous lassions pas. Je savais qu'il mangerait la petite part. Il savait que je ferais semblant de râler.

Djibouti ; j'avais cinq ans, lui dix et une mission quotidienne : préparer mon goûter. Nous avions fait de cette cérémonie un long rituel ludique où le langage l'emportait sur le goûter proprement dit. (Pour silencieux qu'il fût, c'est ce frère qui m'apprit à parler. Et d'ailleurs à lire, plus tard, les romans qu'il aimait. Donc à écrire.) Le jeu était le suivant ; vers quatre ou cinq heures de l'après-midi, je demandais, brutal :

— Bernard, goûter !

Il prenait une mine étonnée et m'expliquait qu'en conscience il ne pouvait préparer son goûter à un garçon qui le réclamait aussi grossièrement.

— Bon, s'il te plaît, mon goûter !

— C'est mieux, mais ça reste très insuffisant.

— Allez, Bernard, tu pourrais me préparer mon goûter, s'il te plaît ?

— Ce n'est pas mal, mais c'est encore loin d'être ça.

Et ainsi de suite, jusqu'à ce qu'il m'ait fait élaborer une phrase prodigieusement alambiquée pour un enfant de mon âge, mélodie laudative et suppliante dont il m'apprenait la plupart des mots et qui chaque jour s'allongeait un peu plus :

— Ô grand Bernard, frère magnifique et vénéré, consentirais-tu, du haut de ton immense bonté, à laisser tomber ton regard sur le misérable vermisseau affamé qui se prosterne à tes augustes pieds et daignerais-tu lui préparer un de ces somptueux goûters dont tu as seul le secret, pour anéantir la faim atroce qui le tenaille ?

À la fin de sa vie il lui arrivait de faire des gâteaux secs, de ces gâteaux méridionaux, petites tranches de béton piqueté d'amandes qui, de la Provence au sud de l'Italie, changent de nom selon la région mais flattent partout l'orgueil local. On les amollit parfois dans le vin du cru. Un jour, il y mit du gingembre. Me tendant la corbeille, il proposa :

— Un Bartleby ?

14

Rien n'affecte autant une personne sérieuse qu'une résistance passive. Si l'individu qui rencontre cette résistance ne manque pas d'humanité, il fera, dans son humeur la plus favorable, de charitables efforts pour exposer à son imagination ce qui demeure impénétrable à son jugement. C'est ainsi que je considérais le plus souvent Bartleby et son comportement. Pauvre garçon! pensais-je, il n'a pas de mauvaises intentions; il est clair qu'il ne cherche pas à être insolent; sa mine prouve suffisamment que ses excentricités sont involontaires. Il m'est utile. Je puis m'accommoder de lui. Si je le mets à la porte il tombera sans aucun doute sur un patron moins indulgent, il sera rudoyé et peut-être en viendra-t-il à mourir misérablement de faim.

Oui, voici l'occasion de jouir fort agréablement, à peu de frais, de ma propre estime. Il ne me coûtera rien, ou presque rien, d'être amical avec Bartleby, de me prêter à son étrange entêtement et, du même coup, d'emmagasiner dans mon âme ce qui deviendra éventuellement une friandise pour ma conscience.

15

La plupart des spectateurs n'avaient pas lu *Bartleby le scribe*. Beaucoup même ignoraient l'existence de cette nouvelle d'Herman Melville. Ils connaissaient Moby Dick, la baleine mythique, par le cinéma ou par ouï-dire, le nom de Melville était une réminiscence, mais ils ne savaient rien de *Bartleby*. (Ils disaient « Bartlebaïe ».) Ce fut une surprise pour moi. Les textes qui nous hantent – je ne sais plus quand Bernard m'a parlé de *Bartleby* pour la première fois –, nous les imaginons connus de tous. Eh bien non. D'ailleurs, la plupart des spectateurs ne venaient pas pour *Bartleby* mais pour moi. Un bon nombre étaient de mes lecteurs. Quinze ans plus tôt j'avais publié *Comme un roman*, une réhabilitation de la lecture à voix haute, aujourd'hui ils venaient m'écouter lire à haute voix. Ils venaient écouter leur auteur en lire un autre.

Seulement, magie du théâtre, dès que je commençais à lire je disparaissais au profit d'Herman Melville. Melville lui-même cédait la place au notaire et, dans le découpage que j'avais fait de la nouvelle, le notaire présentait Bartleby d'entrée de jeu.

Très vite, donc, les spectateurs se retrouvaient seuls face au scribe. Aussi seuls que l'était le narrateur. Au moment où celui-ci se félicite avec humour *d'emmagasiner dans* son *âme ce qui deviendra éventuellement une friandise pour* sa *conscience,* j'entendais fuser quelques rires subtils. On était franchement du côté du notaire, à présent. Un homme qui sait si bien se moquer de lui-même... Quelle lucidité sur son propre compte, n'est-ce pas ? Il se moque de lui et nous sourions ensemble. Nous partageons avec lui ces petits tours de passe-passe mentaux qui abonnissent la conscience et, comme lui, nous n'en sommes pas dupes. Nous nous congratulons entre gens de bonne compagnie. Nous voici subtils, lucides, patients et secourables. C'est un bon moment. Notre bienveillance, notre humour, notre sérénité tiennent Bartleby à distance. Le théâtre nous a mangés.

Pourtant, je n'étais pas toujours de cette humeur. Parfois la passivité de Bartleby m'irritait. Je me sentais étrangement impatient de provoquer un nouveau conflit, de tirer de lui quelque étincelle de colère qui répondît à la mienne propre. Mais autant chercher à faire jaillir une flamme en frottant ses phalanges contre un savon de Marseille.

Un après-midi cependant, l'impulsion mauvaise prit le dessus sur moi et la petite scène suivante se déroula.

— Bartleby, quand vous aurez fini de copier ces pièces, je les collationnerai avec vous.

— Je préférerais pas.

— Comment ? Pour sûr, vous n'entendez pas persister dans cet entêtement de mule ?

Pas de réponse.

Je poussai les battants de la porte et, me tournant vers Dindon et Lagrinche, je m'exclamai :

— Bartleby déclare pour la seconde fois qu'il ne veut pas collationner ses pièces. Qu'en pensez-vous, Dindon ?

C'était l'après-midi, notez-le bien. Dindon flamboyait

comme un chaudron de cuivre ; sa tête chauve fumait ; ses mains vaguaient parmi ses papiers tachés d'encre.

— Ce que j'en pense ? rugit-il. Je pense que je m'en vais tout simplement passer derrière son paravent et lui pocher les yeux !

Ce disant, Dindon sauta sur ses pieds et lança ses bras en avant dans une posture pugilistique.

— Asseyez-vous, Dindon. Écoutons ce que va dire Lagrinche. Qu'en pensez-vous, Lagrinche ? Ne serais-je pas en droit de renvoyer immédiatement Bartleby ?

— Excusez-moi, monsieur, c'est à vous d'en décider. Je trouve sa conduite tout à fait anormale, et même injuste envers Dindon et moi. Mais ce n'est peut-être qu'une lubie passagère.

— Ah ! m'exclamai-je, vous avez singulièrement changé de ton.

— C'est la bière, cria Dindon. La douceur est l'effet de la bière. Nous avons déjeuné ensemble aujourd'hui, Lagrinche et moi.

Ici, Dieu sait pourquoi, me vient ce souvenir. Nous sommes en 2 CV, Bernard et moi – la 2 CV familiale –, dans la rue de notre village. Il est au volant. Nous avons respectivement quinze et vingt ans. Une Mercedes immatriculée à l'étranger nous barre la route, sans personne au volant. Garée là, tout bonnement, au milieu de la rue. Je pénètre dans la boulangerie voisine pour demander à Albertine, la boulangère, si elle n'en connaîtrait pas le propriétaire. Un énorme type en maillot de bain se fait connaître comme étant le contrevenant recherché. Nous sommes au début de l'été, c'est une masse de chair rose et fumante, à la nuque et aux épaules cramoisies. Dehors d'autres voitures s'agglutinent. Commence le concert des klaxons. J'indique au colosse l'existence d'un parking à vingt mètres de là. Contre toute attente, il entre dans une fureur volcanique, hurlant que nous autres Français n'avons aucun sens de l'hospitalité, antipathiques au possible nous sommes, mais bien contents tout de même d'empocher son argent quand il vient chez nous passer les vacances !

Silence atterré des clients qui n'en mènent pas large.
À lui seul, l'ogre nu occupe la moitié de la boutique.

— Non ? Ce n'est pas vrai peut-être ?

C'est alors que s'élève la voix de mon frère, un peu lasse, dans les cliquetis du rideau de perles où vient d'apparaître son maigre visage :

— C'est vrai, monsieur, votre argent nous passionne. Alors, soyez gentil, l'année prochaine restez chez vous et envoyez-nous un chèque.

18

Je fermai les battants de la porte et m'avançai de nouveau vers Bartleby. La tentation fatale s'était emparée de moi, je le sentais, avec une force accrue. Je brûlais de voir Bartleby se rebeller encore contre moi. Or, je me rappelai qu'il ne quittait jamais l'étude.

— Bartleby, dis-je, Gingembre est parti. Faites un saut jusqu'à la poste, voulez-vous (c'était une course de trois minutes), et voyez s'il y a quelque chose pour moi.

— Je préférerais pas.

— Vous ne voulez pas ?

— Je préfère pas.

Je regagnai mon bureau en chancelant et me perdis dans une méditation profonde.

Mais mon impulsion aveugle revint. Comment pouvais-je encore m'attirer une ignominieuse rebuffade de la part de ce chétif pauvre hère – mon employé à gages ? Quelle était la chose parfaitement raisonnable qu'il refuserait certainement de faire ?

— Bartleby !

Pas de réponse.

— *Bartleby ! dis-je en élevant la voix.*

Pas de réponse.

— *Bartleby ! tonnai-je.*

Tout comme un fantôme soumis aux lois de l'incantation magique, à la troisième sommation il parut à l'entrée de son ermitage.

— *Allez dans la pièce voisine et dites à Lagrinche de venir me trouver.*

— *Je préfère pas, dit-il lentement et respectueusement.*

Puis il disparut avec douceur.

— *Très bien, Bartleby, dis-je d'un ton tranquille et mesuré, empreint d'une sévérité sereine qui dénotait la décision irrévocable de recourir à quelque châtiment imminent et terrible.*

Sur le moment, peut-être avais-je en effet une intention de ce genre. Mais à tout prendre, comme l'heure de mon déjeuner approchait, je jugeais préférable, pour cette fois encore, de mettre mon chapeau et de rentrer chez moi, plongé dans une perplexité et un désarroi profonds.

L'avouerai-je ? La conclusion de toute cette affaire se trouva être la suivante : ce fut bientôt chose avérée qu'un jeune et pâle scribe du nom de Bartleby avait dans mon étude un pupitre ; qu'il faisait de la copie à mon compte, au tarif habituel de quatre sous le folio, mais qu'il était définitivement exempté de collationner son propre travail, qu'en outre ledit Bartleby ne devait jamais, sous aucun prétexte, être envoyé en course, quelque insignifiante que celle-ci pût être ; que si pourtant on le suppliait de bien vouloir en faire une, il était généralement entendu « qu'il préférerait pas », en d'autres termes, qu'il refuserait de but en blanc.

19

Pendant que j'achevais mes études à la faculté d'Aix mon frère occupait à lui seul une immense maison, dans un gros bourg de Provence. C'était la maison d'un peintre local, ami de notre famille. Elle ouvrait sur un parc considérable, devenu jardin public aujourd'hui que tout le monde est mort. Le peintre, très beau et fort âgé, proférait d'une voix nasillarde des maximes désabusées où les sentiments avaient peu de place. Il pratiquait une peinture vaguement surréaliste, d'une plate perfection, sur laquelle ma famille se pâmait. Nous revenions quelquefois de nos visites avec un tableau de plus, comme on rentre le panier plein de chez un oncle paysan. Parfois, il faisait notre portrait. Celui des femmes surtout. Pour une raison qui devait tenir à son esthétique il affublait tous ses modèles de deux yeux globuleux où se reflétait une idée de lumière. Toute ma jeunesse, ces portraits ont orné nos murs comme si le temps ne passait pas.

Mon frère me paraissait immensément seul dans la maison du peintre. Il en habitait une pièce. Les autres étaient à l'abandon. Je le savais solitaire mais je ne lui connaissais pas cette solitude-là. Des allusions familiales m'apprirent qu'il était tombé amoureux. Rien de précis, des demi-mots, des silences entendus, le nom de la jeune fille en question prononcé plus souvent que d'habitude, de la discrétion ostensible comme il sied aux familles où la confidence passe pour une faute de goût. Bref, il était tombé amoureux. Mais il avait été éconduit.

Je connaissais la jeune fille. C'était une lointaine cousine. Énième degré. Filleule de mon père. Une grande fille charpentée au sourire éclatant, pas pimbêche pour deux sous. Elle me plaisait beaucoup. Je lui trouvais l'œil clair, le rire net, une joie de vivre contagieuse, une franchise d'être saisissante. Elle était là, oui. Une évidence vitale. C'est exactement la fille qu'il lui faut, me disais-je bêtement.

Aujourd'hui, je souris en écrivant ça. J'entends Boby Lapointe chantonner dans ma tête :

> Car c'est bien la plus belleu,
> La plus sensationnelleu
> La plus ceci cela
> Et la plus la plus et tout ça.
> J'sais pas si tu t'rends compteu,
> Mais dès qu'on la rencontreu,
> On s'dit : Ouh là !
> Ouh là là là tiens la voilà.
> Salut Irma
> Tu viens au cinéma ?
> Non.

45

Mon frère ne me dit rien de ce chagrin d'amour. Il ne m'en parla tout simplement jamais. Et je n'ai jamais sollicité ses confidences. Ce fut un chagrin ravageur et durable. Il changea définitivement la qualité de sa solitude.

Dans la maison du peintre nous jouions aux échecs. Nos parties duraient. Quand nous étions en famille, notre mère s'étonnait de nous voir penchés pendant plusieurs jours sur la même partie. C'est qu'à chaque coup ou presque nous prévenions l'autre des dangers dont nous le menacions :

— Non, regarde, si tu joues ça je place mon cheval en E7, ta tour et ton fou sont pris en fourchette. Tu pourrais t'en foutre puisqu'en sauvant ta tour tu figes ma ligne de roque et que mon cheval sera pris si je mange ton fou, mais mon fou à moi, le noir, a été libéré par le déplacement du cheval et regarde ce qu'il y a au bout de sa diagonale si tu prends mon cheval avec le tien...

De retour à Aix, je le savais seul dans la maison du peintre. Je décidai de lui présenter des amies. Ce fut une idée inopérante.

20

Au fil des jours, je me réconciliai dans une très grande mesure avec la personne de Bartleby. Son application, son éloignement de toute dissipation, son activité incessante (sauf quand il lui plaisait de se mettre à rêver, debout derrière le paravent), sa grande tranquillité, son comportement inaltérable en toutes circonstances faisaient de lui une précieuse acquisition. Mais le grand point était... qu'il était toujours là : le premier le matin, continuellement présent tout le long du jour, et le dernier le soir. J'avais une confiance singulière en son honnêteté. Je sentais que mes papiers les plus précieux étaient parfaitement en sécurité entre ses mains. Assurément il m'arrivait parfois – je n'aurais pu m'en empêcher quand il y fût allé du salut de mon âme – de piquer une colère soudaine, spasmodique, à son encontre. Car il était extrêmement difficile de garder constamment présents à l'esprit les particularités et les privilèges étranges, les exemptions inusitées qui formaient les conventions tacites selon lesquelles Bartleby restait à mon étude.

21

Sur scène, j'ai bientôt cessé de lire. J'ai vite su le texte par cœur. Ma posture de lecteur était devenue une attitude de comédien et le livre un partenaire entre mes mains. Je ne lisais plus *Bartleby*, je le disais. Je le possédais. (À moins que ce ne fût le contraire.) Je récitais la totalité du texte dès mon réveil, sous ma douche ou en préparant le petit déjeuner, et je continuais le reste de la journée, en faisant les courses, en prenant le métro, en marchant dans la rue, en poireautant dans une queue de cinéma ou dans une salle d'attente. Je récitais mon *Bartleby* à toute allure. Je battais des records de vitesse. En termes de métier cela s'appelle faire des italiennes. C'était pour l'aisance, pour éliminer la question de la mémoire, pour parer à la menace des trous. Mais je disais le texte lentement aussi. Pour deux raisons : d'abord Bartleby m'était une compagnie qui palliait – inexplicablement, dans une très faible mesure, comme une allusion – l'absence de mon frère, ensuite j'éprouvais un grand plaisir à pétrir la phrase de Melville. Melville, c'est de la pâte à pain. C'est épais sans être lourd. C'est gorgé de sens et de silence. Melville, c'est parfois d'une lenteur de lave. C'est lent à remplir les anfractuosités mais ça les remplit toutes. Les interstices aussi. J'étais plein. (À me voir marmonner sans arrêt on pouvait d'ailleurs me croire saoul.) De toutes les traductions existantes, j'avais opté pour celle de Pierre Leyris. Leyris ne prétendait pas à l'allègement de Melville. Il ne cherchait pas à le rendre croustillant. Son style était de la même pâte. Il ne jouait pas les novateurs. Remplacer le verbe « préférer » par le verbe « aimer » par exemple : *j'aimerais mieux pas.* Non, Leyris savait que la préférence est explicitement au cœur de cette affaire *Bartleby,* que le verbe préférer est le pilier de cette histoire. *Je préférerais pas.* Dans une première version il faisait dire au scribe : je *ne* préférerais pas. Dans la seconde, plus de *ne,* la formule plus crue, rendue orale : *Je préférerais pas.* Les deux mots côte à côte, c'est-à-dire face à face : le verbe et son impossible adverbe de négation. L'oxymore qui rend fou. La querelle des traducteurs vient de ce que l'humour distingué de l'expression I *would prefer not to* est difficile à rendre chez nous. Ce mélange de politesse, de retenue, de détachement et de ferme résolution, cette fin de non-recevoir diluée dans une formule un peu étrange pour les Anglais eux-mêmes échappe à notre grammaire de l'humour. Si bien que sa traduction est devenue un objet de litige. À mes oreilles, I *would prefer not to* sonne déjà comme du Melville ; la formule a dû s'imposer à lui en même temps que le personnage de Bartleby.

À malaxer leur texte du matin au soir j'étais devenu le mitron de Leyris et de Melville. La phrase qui tombait le plus fréquemment dans mon pétrin est la dernière du passage précédent : *Car il était extrêmement difficile de garder constamment présents à l'esprit les particularités et les privilèges étranges, les exemptions inusitées qui formaient les conventions tacites selon lesquelles Bartleby restait à mon étude.*

— Merde, pourquoi il le vire pas, ce chieur ?

C'est, un soir, ce que s'est écrié un spectateur du premier rang. Sa voisine lui donna un coup de coude. Il mit la main devant sa bouche :

— Oh ! Pardon !

Il m'attendait à la sortie du théâtre pour s'excuser encore.

— Désolé, monsieur, vraiment, je ne sais pas ce qui m'a pris.

22

Certain dimanche matin, je me rendis à l'église de la Trinité pour entendre un célèbre prédicateur, et, me trouvant en avance sur les lieux, je décidai d'aller faire un tour au bureau. J'avais heureusement ma clef sur moi ; mais, lorsque je l'appliquai à la serrure, je constatai qu'elle rencontrait une résistance intérieure. Fort surpris, j'appelai. À ma consternation, quelqu'un tourna une clef du dedans ; après quoi, projetant son maigre visage à travers la porte qu'il tenait entrebâillée, Bartleby apparut en bras de chemise, et, par ailleurs, dans un déshabillé étrangement loqueteux. Il me déclara tranquillement qu'il regrettait, mais qu'il était fort occupé et qu'il... préférait ne pas me recevoir pour l'instant. Puis il ajouta un mot ou deux pour expliquer brièvement que je ferais peut-être mieux de tourner deux ou trois fois autour du pâté de maisons, et que d'ici là il aurait sans doute terminé ses affaires.

L'apparition parfaitement inattendue de Bartleby hantant de la sorte mon étude un dimanche matin avec sa nonchalance cadavérique et distinguée, mais aussi avec son air de fermeté et de sang-froid, cette apparition, dis-je, eut sur moi un effet si singulier que je m'éloignai incontinent de ma propre porte et fis comme il le désirait. En vérité, c'était surtout son extraordinaire suavité qui me désarmait, ou pour mieux dire, m'émasculait. Car je considère comme temporairement privé de sa virilité un homme qui laisse tranquillement son employé à gages lui dicter sa volonté et le chasser de ses propres appartements.

En outre, j'étais fort inquiet de ce que Bartleby pouvait bien faire dans mon étude en bras de chemise et, d'une manière générale, dans un appareil aussi débraillé, un dimanche matin. Se passait-il quelque chose d'incorrect ? Non, cela était hors de question. On ne pouvait soupçonner Bartleby d'être un personnage immoral. Mais que diantre faisait-il là ? De la copie ? Pas davantage ; quelles que pussent être ses excentricités, Bartleby était une personne éminemment protocolaire. Il eût été le dernier à s'asseoir à son pupitre dans une condition voisine de la nudité. Au surplus, c'était dimanche, et il y avait quelque chose en Bartleby qui interdisait de supposer qu'il pût violer par une occupation profane les interdits de cette journée.

23

Si je devais résumer la vie de mon frère, je dirais qu'il fut d'abord le fils et le frère préféré d'une famille de quatre garçons, puis le cadre estimé d'une vingtaine d'ouvriers dont il avait pris soin d'apprendre les métiers, puis le père adoptif de deux enfants chanceux, puis le père égaré d'un enfant mort-né, puis l'âme parkinsonienne d'une fin de vie sans amour. Je dirais aussi qu'il n'abusa ni de son statut d'enfant chéri ni de son autorité paternelle, qu'il ne se vanta pas de l'estime que lui portaient ceux qui travaillaient sous ses ordres, qu'il garda pour lui la douleur du deuil et ne se plaignit jamais d'un quelconque déficit d'amour conjugal – à mes yeux pourtant aussi flagrant les dernières années de sa vie que si on l'avait abandonné nu dans la neige. (Dans mes plus mauvais moments, il m'arrive de penser qu'il est mort de ce froid-là.)

24

*C'est plein d'une inquiète curiosité que je regagnai enfin
ma porte. J'introduisis la clef sans rencontrer de résistance,
ouvris et entrai. Point de Bartleby. Je regardai vivement
autour de moi, jetai un coup d'œil derrière le paravent ;
mais il était clair que mon homme avait disparu. Un examen plus minutieux des lieux me donna à penser que,
depuis un temps indéterminé, Bartleby devait manger,
s'habiller et dormir dans mon étude, et cela sans assiette,
miroir ni lit. Oui, pensai-je, il est manifeste que Bartleby
a fait de ce lieu son logis, qu'il y tient tout seul ses quartiers de célibataire. Et aussitôt m'envahit la pensée de l'absence de tout ami, de la solitude ô combien misérable qui
se trahissait là. Sa pauvreté était grande, mais son abandon combien horrible !*

*Soudain, je fus attiré par le pupitre fermé de Bartleby,
dont la clef était restée en évidence sur la serrure. Je pris sur
moi de regarder à l'intérieur. Tout apparut méthodiquement
rangé, les papiers disposés avec soin. Déplaçant les piles de
documents, je tâtonnai dans leur profondeur. Je sentis quelque
chose que je tirai au-dehors. C'était un grand mouchoir, aux*

coins noués, assez pesant. Je l'ouvris, et me trouvai en présence des économies de Bartleby.

J'évoquai alors tous les mystères tranquilles que j'avais observés chez cet homme. Je me souvins qu'il ne parlait jamais, sinon pour répondre, qu'il avait refusé de me dire qui il était, d'où il venait et s'il avait aucun parent en ce monde. Par-dessus tout, je me rappelai cette expression inconsciente de blafarde... comment dirai-je... mettons de blafarde hauteur, ou plutôt d'austère réserve qu'il prenait parfois, expression qui m'avait positivement intimidé au point que j'en étais venu à me plier docilement à ses excentricités, à ne plus oser lui demander la moindre vétille.

Comme je retournais toutes ces choses dans mon esprit, un sentiment de craintive prudence m'envahit. Mes émotions premières avaient été de pure mélancolie et de la plus sincère pitié ; mais à mesure que la détresse de Bartleby prenait dans mon imagination des proportions de plus en plus grandes, cette même mélancolie se muait en frayeur, cette pitié en répulsion.

Finalement, je pris la résolution suivante : le lendemain matin je lui poserais calmement certaines questions sur son histoire et, s'il refusait d'y répondre ouvertement et sans réserve (comme, sans doute, il le préférerait), je lui donnerais un billet de vingt dollars en sus de ce que je pourrais lui devoir, et je lui dirais que je n'avais plus besoin de ses services, tout en lui déclarant que si je pouvais lui être utile par ailleurs d'une manière ou d'une autre, je serais ravi de le faire.

25

Dans les premières semaines qui suivirent la mort de mon frère, j'ai perdu l'usage de mon corps. Je me suis abandonné. J'ai manqué me faire écraser plusieurs fois dans Paris, je me suis fait casser la gueule dans le métro, je suis tombé d'une falaise, j'ai fait un tête-à-queue qui a placé le museau de ma voiture au-dessus d'un précipice. Et je n'ai pas eu peur. Ni dans l'instant ni en y repensant. Histoire de me reprendre en main, je me suis dit que j'allais écrire sur lui. Sur nous. Ma mémoire s'y refusa, comme s'il avait emporté nos souvenirs avec lui. Sa maigreur, certes, son humour, bien sûr, ce regard qui ne jugeait pas, d'accord, le timbre un peu nasal de sa voix, son refus de dramatiser, oui, sa résolution de ne rien ajouter à l'entropie, bon, le fait que nous ne nous soyons jamais disputés, pas une seule fois tout au long de nos vies, c'est vrai...

Et puis ?

Nos souvenirs sont des sensations.

L'unique souvenir précis, qui me revenait obstinément, était la descente de notre rivière, enfants, quand nous la suivions jusqu'à la mer en sautant de rocher en rocher, en la surplombant par les chemins de falaise, ou en jouant les explorateurs à travers les canisses. Quand nous nous perdions de vue nous sifflions entre nos doigts pour nous rappeler l'un à l'autre. Des coups de sifflet allongés, effilés sur les dernières notes, que répercutait le calcaire des falaises. C'est encore de cette façon qu'il m'arrive d'appeler les taxis.

26

Le lendemain matin arriva.

— Bartleby, dis-je en l'appelant doucement à travers le paravent.

Pas de réponse.

— Bartleby, dis-je d'un ton plus doux encore, venez ici. Je ne vais pas vous demander quelque chose que vous préféreriez ne pas faire. Je désire simplement vous parler.

Là-dessus, il apparut sans bruit.

— Voulez-vous me dire, Bartleby, où vous êtes né ?

— Je préférerais pas.

— Voulez-vous me dire quoi que ce soit, en ce qui vous concerne ?

— Je préférerais pas.

Attirant familièrement ma chaise derrière son paravent, je m'assis auprès de lui et lui dis :

— Bartleby, ne vous souciez donc plus de me révéler votre histoire ; mais laissez-moi vous supplier en ami de vous plier autant que possible aux usages de cette étude. Dites à présent que vous nous aiderez à collationner les pièces demain ou après-demain : en un mot dites que dans un jour ou deux vous commencerez à être un peu raisonnable ; dites cela, Bartleby.

— Pour l'instant, je préférerais ne pas être un peu raisonnable.

À ce moment précis, les battants de la porte s'ouvrirent, et Lagrinche s'approcha.

— Préférerais ne pas être, hein ? Je lui montrerais mes préférences, moi, monsieur, si j'étais à votre place. Je lui en donnerais, des préférences, à cette tête de mule ! Qu'est-ce donc, monsieur, s'il vous plaît, qu'il préfère ne pas faire maintenant ?

Bartleby ne bougea pas d'un membre.

— Monsieur Lagrinche, dis-je, je préférerais que vous vous retirassiez pour le moment.

Depuis quelque temps, j'avais pris l'habitude de dire involontairement « préférer » en toutes sortes de circonstances où ce mot n'était pas parfaitement approprié. Et je tremblais à l'idée que mon commerce avec le scribe avait déjà sérieusement affecté mon état mental.

27

De son vivant, je ne pense pas avoir beaucoup imité mon frère. Il m'était un modèle d'autant plus admirable que je ne le suivais pas. Mon deuil, lui, fut mimétique. Un après-midi, tournant une petite cuiller dans ma tasse de café, je m'arrêtai net : Bernard faisait *exactement* ce geste-là. Le même geste, absolument ! La même façon rêveuse de tourner la cuiller, le même tintement contre la porcelaine, sur le même rythme, cette exacte sonorité... Ce geste était à lui. J'étais tout bonnement mon frère mort occupé à tourner une petite cuiller dans son café.

Parfois je le voyais au loin, dans la rue. Cette silhouette lente et frêle, cet imperméable qu'on eût dit posé à même la peau... Je n'allais pas vérifier. Je savais bien que ce n'était pas lui. Pourtant, je l'avais vu. Je le vois encore, quelquefois.

Un jour que j'appelais son fils, au téléphone, il y eut un blanc au bout du fil.

— Allô ? C'est moi, c'est Daniel.

Le silence se prolongea un peu, puis mon neveu répondit, comme on sort d'un rêve :

— Excuse-moi, pendant une seconde j'ai cru que c'était papa. Tu as eu exactement la même voix.

Quelques années plus tard, ma femme et moi regardions cette série télévisée sur la police française où l'inspectrice en chef, constamment de mauvaise humeur, envoie promener tout le monde avec ce ton tranchant hérité du cinéma américain et qui passe chez nous pour le comble de la virilité professionnelle. L'inspectrice règne sur une équipe d'hommes. Les hommes se chamaillent. La brigade enquête sur des affaires de dope et de malheur social. Tout le monde est chargé à bloc de testostérone et de subjectivité explosives. De temps à autre un juge d'instruction émacié, aux yeux grands ouverts, soulage l'inspectrice d'une partie de sa tension. C'était mon frère, ce juge. Cette autorité apaisante, la douceur de cette voix au service de cette maigreur incorruptible... Beaucoup plus qu'une ressemblance. C'était Bernard. Il était là. Si j'ai passionnément suivi cette série, c'était pour y retrouver le personnage du juge d'instruction. Qui sait ce que l'on attend d'un spectacle ?

28

Le lendemain, je remarquai que Bartleby ne faisait que demeurer debout à sa fenêtre, dans sa rêverie, face au mur aveugle. Quand je lui demandai pourquoi il n'écrivait pas, il répondit qu'il avait décidé de ne plus faire d'écritures.

— Quoi ? Qu'est-ce encore ? m'écriai-je. Ne plus faire d'écritures ?

— Non.

— Et pour quelle raison ?

— Ne voyez-vous pas la raison de vous-même ? répondit-il avec indifférence.

29

Au théâtre, la salle est la caisse de résonance de la scène. Comédiens et spectateurs jouent les uns avec les autres (ou contre, c'est selon). Ce n'est pas une mince affaire de devenir un spectateur. Se départir en si peu de temps d'une profession, d'une famille, d'une journée de travail, d'une ville, d'une vie, de notre panoplie de références, d'habitudes et de normes... Ces manteaux que l'on ne sait où poser, le froissement des journaux qu'on essaie de replier, ces programmes qu'on interroge à voix haute, ces conversations qui n'en finissent pas de finir, ces portables qu'on tarde à éteindre, ces retardataires empêtrés dans leurs excuses, ces fauteuils qui claquent, ces corps qui retombent, ces grincements qui cherchent le confort, tout ce brouhaha du public qui s'installe c'est la lente soumission des spectateurs aux exigences du spectacle. On dirait la cacophonie des instruments dans la fosse d'orchestre avant l'entrée du chef. Quand enfin la lumière baisse dans la salle, puis s'éteint, et qu'on se croit accordé au silence de tous, notre corps prend le relais. En hiver ce sont les éternuements et la toux, en été ce sont les énervements de la chaleur, à quoi s'ajoutent, tout au long de l'année, les portables mal éteints et – peut-être plus pénible que tout le reste – le concert des protestations bien intentionnées.

Faire que les gens se taisent ce n'est rien. Le plus souvent, la présence des comédiens y suffit. Mais faire taire une toux, investir les corps au point que les sièges ne grincent plus, cela, c'est le miracle du texte. De ce point de vue, Melville se révéla un excellent médecin. Son *Bartleby* guérissait très vite les salles. Premières manifestations de l'attention, les rires remplaçaient vite les bruits du corps. Ils se répandaient à partir d'un foyer initial, suivant des parcours aléatoires, fonction de la place des autres rieurs dans la salle. Parfois, les foyers étaient si nombreux que le rire embrasait tout le public d'un seul coup (Dindon, Lagrinche, Gingembre ou le notaire lui-même dans le rôle des incendiaires). Parfois les rieurs étaient trop isolés, cernés d'attentifs plus introvertis ou tout simplement d'indifférents. Les rires alors étaient étouffés par le silence. Mais on riait, tout de même, à chaque représentation.

Plusieurs fois j'ai songé à faire la nomenclature de ces rires qui m'en disaient tant sur notre humanité. Rires militants, rires de surprise, rires scandalisés, sourires entendus, sourires d'attente, toute une gamme de rires et de sourires accompagnait le défilé du texte jusqu'à ce que plus personne ne rie, qu'un silence définitif envahisse la salle pour escorter le notaire vers ses derniers mots : *Ah ! Bartleby ! Ah ! humanité !*

Bartleby répond qu'il ne collationnera pas : refus d'obtempérer, rire de solidarité. Bartleby dort à l'étude : rire de surprise. Nom d'un chien que fait-il là ? Bartleby enjoint au notaire de faire un tour de pâté de maisons : franc éclat de rire, stupeur, quel culot, ce type ! D'autant que l'autre s'exécute. Elle est bien bonne ! Quelle perte de dignité ! Ces rires (ils seront les derniers rires francs du spectacle) sont encore porteurs d'espoir. Les spectateurs n'attendaient plus grand-chose de Bartleby et voilà qu'il vient de les surprendre en ouvrant sa propre porte au notaire un dimanche matin. On se demande ce qu'il *fait* là. On se demande ce qui va *se passer*. Cette apparition inattendue de Bartleby est promesse de suspense, de péripéties, donc d'explications. Nous n'avons pas encore admis que Bartleby ne fait rien ni ne fera rien, n'explique rien ni n'expliquera rien, qu'il n'est là que parce qu'il est là, qu'en réalité depuis le début il ne se passe presque rien et qu'il ne se passera plus rien jusqu'à la fin. Bartleby est là mais il n'est pas l'acteur de ce qui s'y joue. C'est la raison paradoxale pour laquelle tant de jeunes comédiens rêvent de jouer le rôle de Bartleby. Quelle aubaine, pour un jeune homme, cette incarnation énigmatique ! Sentir toutes ces curiosités tendues vers le paravent du notaire, ce public qui guette chacune de vos apparitions ! Qui est ce Bartleby ? Que veut ce Bartleby ? Que va faire ce Bartleby ? Quel est son mystère ? Être le seul à savoir que Bartleby ne veut rien, ne fait rien, ne révélera rien, ne satisfera aucune curiosité... Jouer le rôle de celui par qui rien n'advient, de qui rien ne procède, ne combler aucune attente, ne satisfaire aucun espoir, ne délivrer aucune explication, maintenir le public dans la tension, ce public si plein de désir, si quémandeur de sens... Tout lui refuser. Quel rêve de puissance ! Jouer le rôle de Bartleby ? Tentation suprême du jeune comédien prêt à tout, y compris à renoncer au texte.

Moi qui avoisinais alors l'âge du notaire, je ne jouais pas son rôle, je l'endossais. Plus je disais son monologue, plus je rendais sensible l'obsession de celui qui a besoin de comprendre.

Nous en sommes là, donc ; Bartleby a « renoncé à la copie ».

Sans que je l'aie voulu cet instant était, par le découpage que j'avais fait du texte, l'exact milieu du spectacle, son centre géodésique.

— *Quoi ? Qu'est-ce encore ? Ne plus faire d'écritures ?*

— *Non.*

— *Et pour quelle raison ?*

— *Ne voyez-vous pas la raison de vous-même ?*

30

Je le regardai attentivement et vis que ses yeux avaient un aspect terne et vitreux. Il me vint instantanément à l'esprit que son extraordinaire application à copier devant son obscure fenêtre pendant ses premières semaines à l'étude avait pu affecter temporairement sa vue. Je fus touché. Je prononçai quelques paroles compatissantes, protestant qu'il faisait fort bien de laisser là pour quelque temps toute écriture et le pressant de profiter de l'occasion pour prendre un peu d'exercice au grand air. De ceci, toutefois, il s'abstint.

Les jours passèrent. La vue de Bartleby s'améliorait-elle oui ou non, je n'aurais pu le dire. Selon toute apparence, il me semblait que oui, mais lorsque je lui demandai s'il en était ainsi, il ne daigna pas me répondre. Quoi qu'il en fût, il ne voulait plus faire d'écritures. Et finalement, devant mes sollicitations pressantes, il m'informa qu'il avait définitivement renoncé à la copie.

— Quoi ! m'écriai-je. Supposez que vos yeux aillent tout à fait bien, mieux qu'avant, même, ne feriez-vous pas de copie alors ?

— J'ai renoncé à la copie, dit-il en se retirant.

Il demeura, comme toujours, l'immuable ornement de mon bureau. Plus immuable encore que devant, s'il était possible. Quel parti prendre ? Il ne voulait rien faire à l'étude : pourquoi fallait-il qu'il restât là ? Pour parler net, il était devenu comme une meule à mon cou.

Cependant, j'étais peiné pour lui. Je reste en deçà de la vérité en disant qu'il m'inspirait de l'inquiétude. Il semblait que Bartleby fût seul, absolument seul au monde. Une épave au milieu de l'Atlantique.

Mais, en fin de compte, les nécessités tyranniques de mes affaires l'emportèrent sur toute autre considération. J'annonçai à Bartleby, aussi poliment que je le pus, qu'il lui faudrait absolument quitter l'étude dans un délai de six jours.

— Et quand vous me quitterez, Bartleby, ajoutai-je, je ferai en sorte que vous ne partiez pas tout à fait sans ressources. Six jours à dater de l'heure présente, souvenez-vous-en.

À l'expiration de cette période, je jetai un coup d'œil derrière le paravent : mon Bartleby était toujours là !

Je boutonnai ma jaquette, pris un air décidé, m'avançai vers lui, lui touchai l'épaule et dis :

— Le temps est venu ; il faut quitter la place. J'en suis fâché pour vous. Voici de l'argent, mais vous devez partir.

— Je préférerais pas, répondit-il sans cesser de me tourner le dos.

— Il le faut.

Il demeura silencieux.

— Bartleby, dis-je, je vous dois douze dollars ; en voici trente-deux : les vingt dollars de surplus sont à vous. Voulez-vous les prendre ?

Il ne bougea point.

— Je les laisserai donc ici, dis-je en mettant les dollars sous un presse-papiers.

Après quoi, prenant ma canne et mon chapeau et me dirigeant vers la porte, je me retournai pour ajouter avec calme :

— Quand vous aurez retiré vos affaires de ce bureau, Bartleby, vous fermerez naturellement la porte et vous voudrez bien glisser votre clef sous le paillasson afin que je l'y trouve demain matin. Je ne vous verrai plus. Ainsi donc, adieu. Si par la suite, dans votre nouvelle demeure, je puis vous rendre quelque service, ne manquez pas de m'en aviser par lettre. Adieu, Bartleby, et portez-vous bien.

Il ne répondit pas un mot. Pareil à l'ultime colonne d'un temple en ruine, il restait debout, solitaire et muet, au milieu de la pièce déserte.

31

Un jour que je lui demandais combien il gagnait, histoire de comparer mon tout premier salaire de maître auxiliaire à ses émoluments d'ingénieur, mon frère répondit :

— Beaucoup trop pour ce que je fais mais pas assez pour ce que je m'emmerde.

Il était ingénieur en aéronautique, spécialiste des vibrations. Il aurait préféré les Eaux et Forêts, les arbres, les animaux. Il aurait fait un bon éthologue. Les concours d'entrée en décidèrent autrement. Ainsi va la vie dans certaines familles qui ont accès aux grandes écoles ; recalé à ce concours-ci, reçu à celui-là, tu aurais aimé t'occuper d'oiseaux, tu t'occupes d'avions. La préférence ? Qu'est-ce que ce caprice, au regard du rang à tenir ?

C'était un métier étrange. En gros, quand un avion vibre, on le détruit. Comme on trouve rarement la cause des vibrations, on reconstruit le même, exactement, qui, celui-là, ne vibre pas. Un jour que mon frère était dans la tour de contrôle, il entendit un pilote d'essai déclarer d'une voix calme :

— Vibrations. Amplitude incontrôlable. Je ne tiens plus le manche. Probablement une (ici diagnostic inaudible). C'est foutu. On se crashe. Vive la France !

Pas un mot plus haut que l'autre. Toute l'émotion du pilote à peine suggérée par la familiarité militaire du participe « foutu ». Le « vive la France » était prononcé uniment, dans un avion qui se disloquait en plein vol.

Aux yeux de mon frère, pour impressionnant qu'il fût, cet héroïsme tranquille allait de soi. Ce qui n'allait pas de soi c'est qu'on s'acharnât à expédier l'humanité entière à dix mille mètres d'altitude dans des monstres de ferraille qui vidaient la terre de son énergie fossile en une succion assourdissante. Quand nous voyagions ensemble dans un avion de ligne, il n'annonçait jamais, après l'atterrissage, que nous étions arrivés, mais que nous nous en étions sortis. Fatalisme souriant.

La probabilité jouait un grand rôle dans sa vie : le pire étant sûr – question de probabilité –, il n'y avait aucune raison de dramatiser. Nous échangions beaucoup de blagues autour de la probabilité. La veille de mon permis de conduire il me conseilla de convaincre l'inspecteur qu'il valait beaucoup mieux traverser les carrefours à cent quatre-vingts à l'heure qu'à vingt.

— Neuf fois moins de chance de percuter un autre véhicule, monsieur l'inspecteur.

Dans la maison du peintre son chagrin d'amour l'avait fait maigrir à vue d'œil. Mes visites hebdomadaires le trouvaient chaque fois plus squelettique.

— Ce n'est pas possible, tu perds un kilo par jour ! Un de ces quatre je ne trouverai plus personne.

— Tu as raison. Je vais essayer de perdre la moitié de mon poids tous les jours, comme ça il y aura toujours quelqu'un.

32

Le lendemain matin, j'arrivai plus tôt que de coutume à mon étude. Je m'arrêtai un moment pour écouter à la porte. Rien ne bougeait. Bartleby devait être parti. Je tâtai la poignée. La porte était verrouillée. Oui, il semblait vraiment que Bartleby eût disparu. Je fouillais sous le paillasson pour récupérer la clef, quand mon genou heurta accidentellement la porte avec un bruit impératif, et du dedans une voix répondit :

— Pas encore, je suis occupé.

C'était Bartleby.

Je fus comme foudroyé.

— Pas parti, murmurai-je enfin.

Je descendis lentement l'escalier, gagnai la rue et me mis à tourner autour du pâté de maisons.

Que faire ?

Je résolus de débattre à nouveau l'affaire avec lui.

— Bartleby, dis-je en entrant dans l'étude, je suis sérieusement mécontent. Je suis peiné, Bartleby. J'avais une meilleure idée de vous. Je m'étais imaginé que vous étiez d'un naturel trop raffiné pour que, dans un dilemme aussi délicat, une

légère allusion ne suffit point... Mais il paraît que je m'étais trompé. Quoi ! vous n'avez pas même touché à cet argent !

Et je désignai les billets qui se trouvaient à l'endroit précis où je les avais laissés la veille au soir.

Il ne répondit rien.

— Voulez-vous ou ne voulez-vous pas me quitter ?

— Je préférerais ne pas vous quitter.

— Quel droit au monde avez-vous de rester ici ? Payez-vous un loyer ? Payez-vous mes impôts ? Ou bien ces bureaux sont-ils à vous ?

Il ne répondit rien.

— Êtes-vous prêt à poursuivre vos écritures à présent ? Vos yeux sont-ils guéris ? Pourriez-vous copier une petite pièce pour moi ce matin ? Ou m'aider à collationner quelques lignes ? Ou faire un saut jusqu'à la poste ? En un mot ferez-vous quoi que ce soit pour donner couleur à votre refus de quitter les lieux ?

Il se retira silencieusement dans son ermitage.

J'étais maintenant dans un tel état de nervosité et de ressentiment que je jugeai prudent de m'abstenir, pour l'heure, de toute autre démonstration. Bartleby et moi étions seuls. Je me rappelai la tragédie qui s'était déroulée entre l'infortuné Adams et l'encore plus infortuné Colt dans le bureau désert de ce dernier, et comment le pauvre Colt, terriblement irrité par Adams et s'abandonnant imprudemment à un emportement effréné, s'était laissé entraîner à commettre involontairement son acte fatal – un acte qu'assurément nul ne saurait déplorer davantage que son auteur.

33

Autrement dit, à ce stade de son exaspération, le notaire songe à éliminer Bartleby. À le tuer. La tentation est fugace, certes, mais l'extrême violence de l'exemple qu'il choisit pour l'évoquer en révèle l'intensité.

Voici l'histoire : dans l'après-midi du 17 septembre 1841, le dénommé John Colt (frère de celui qui inventa le revolver du même nom) assassine l'imprimeur Samuel Adams, auquel il devait de l'argent pour – ironie professionnelle – l'impression de sa comptabilité ! Le crime a lieu dans le bureau de Colt, à l'angle de Broadway et de Chambers Street. La disparition d'Adams inquiète, on fait des recherches et, neuf jours plus tard, le dimanche 26, on retrouve son corps dans une caisse en partance pour La Nouvelle-Orléans, à bord du *Kalamazoo*, amarré au pied de Maiden Lane, à Manhattan.

Colt étant le dernier à avoir vu Adams vivant, on l'accuse de l'avoir assassiné – ce que, par parenthèses, il fit à coups de hache. Il est condamné à mort et n'échappe à la pendaison qu'en se suicidant, aux Tombes, dans cette même prison centrale de New York où s'éteindra le pauvre Bartleby.

Ce qui inquiète chez notre notaire (parfaitement au courant de cette affaire qui défrayait encore la chronique quand Bartleby hantait son étude), c'est sa clémence rétrospective à l'égard de Colt, *s'abandonnant imprudemment à un emportement effréné,* et tout compte fait victime d'un crime *qu'assurément nul ne saurait déplorer davantage que son auteur.* (C'est hélas un point de vue sur lequel la victime ne peut plus donner son avis.) Passer sous silence l'emploi de la hache, la mise en boîte du cadavre, la volonté de l'assassin de dissimuler son crime en embarquant le corps de la victime à bord d'un cargo en partance pour La Nouvelle-Orléans, c'est non seulement pardonner le crime mais en plaindre l'auteur. Pauvre Colt ! Brave Colt, qui en a tant bavé pour tuer *imprudemment* son créancier et en faire disparaître le cadavre !

Un autre résumé de l'affaire pourrait être le suivant : Adams posait un problème, Colt en a supprimé l'énoncé. C'est exactement l'état d'esprit du notaire à l'instant où lui revient ce souvenir. Bartleby pose problème, l'envie saisit le notaire d'effacer cet énoncé incongru sur l'impeccable tableau de sa vie.

Nous sommes ainsi faits nous autres braves gens qu'à nos yeux, passé les limites de notre patience, les victimes deviennent des agresseurs.

34

Mais non... quand l'idée d'un assassinat m'inspira des tentations au sujet de Bartleby, je la terrassai. Comment cela ? Tout simplement en me remémorant le commandement : « Aimez-vous les uns les autres. »

Oui, voilà ce qui me sauva.

C'est une des vertus de la charité qu'elle opère souvent comme un grand principe de sagesse.

35

Un matin, je surpris une de mes élèves à jouer à la marelle sur les tables de la classe. Je dis bien sur les tables. C'était ce genre d'élève. Elle avait disposé les tables en forme de marelle et s'était élancée vers le paradis sous les yeux ébahis de ses camarades, collés aux murs. C'était un samedi matin, un de leurs professeurs était malade, je passais là par hasard, apparemment personne ne les surveillait.

Sauter d'une table à l'autre sur un seul pied sans les faire basculer n'est pas donné à la première ballerine venue. À plus forte raison à une adolescente rondelette qui ne crachait ni sur le rab de frites à la cantine ni sur les goûters. L'exercice était périlleux. Certains de ses camarades l'encourageaient en battant des mains, d'autres restaient, comme moi, saisis par la prouesse. Elle sautait sans économie, très haut, comme si chacun de ses pieds pouvait la propulser jusqu'au plafond. Nous étions en hiver, elle rebondissait sur d'épaisses chaussettes de laine qui amortissaient le son mais multipliaient les risques de dérapage. Elle aurait pu glisser en fin de course, tomber sur les fesses en arrivant au paradis, se briser les reins sur un coin de table ; pas du tout. Virevolte et parcours en sens inverse. Je fis taire ceux de ses camarades qui scandaient le rythme en claquant des mains. La prouesse s'acheva en un film muet d'une grâce absolue. Révérence. Applaudissements.

Cette élève voulait être notaire.

Elle était de loin la fille la plus dissipée, la plus impertinente de sa classe, voire de l'établissement. Chaque trimestre elle frisait le renvoi définitif. (Elle aussi constituait un problème dont le corps enseignant aurait aimé effacer l'énoncé.) Et elle voulait être notaire ! Avait-elle des notaires dans sa parentèle ? Aucun. Alors pourquoi notaire ?

— Parce que j'adore fourrer mon nez dans les affaires des autres, monsieur !

Après cette réponse à la Zazie elle précisa qu'elle serait notaire en province, dans une petite ville où chacun connaît chacun, envie chacun, médit de chacun, et où le notaire est seul à les connaître tous.

— Il les connaît, eux et leurs aïeux, au moins jusqu'à la septième génération ! conclut-elle, gourmande.

Aussi étrange que cela puisse paraître j'imagine le notaire de Melville animé par la même satisfaction de connaître son monde, et la même curiosité d'en savoir toujours davantage. Presque un appétit.

En dépit de l'image grise et noire que le public se fait de vous, notaires, vous exercez le métier le plus vivant qui soit. Le plus *intéressant*. Toute votre existence passée à voir s'éteindre, naître et s'accomplir celles des autres... Tant de biographies dorment dans le secret de vos classeurs ! Et tous ces morts font l'humus où ont poussé les vivants qui viennent chez vous, quotidiennement, réclamer une part d'héritage, faire appel d'une décision, affiner l'impôt sur la fortune, proposer un montage financier, bâtir le château de cartes des sociétés-écrans, garantir le patrimoine des enfants ou se protéger au contraire de leurs appétits précoces. On est le notaire, on a tout lu dans ces dossiers, tout entendu dans ces rendez-vous. Sans y prendre garde on est devenu spécialiste de l'espèce humaine. On sait tout sur tous et on connaît le fonctionnement de chacun. On a écouté toutes les confidences, soupesé toutes les argumentations, assisté à la turgescence de tous les désirs, enduré les plaintes de toutes les frustrations. On a vu s'élaborer le mensonge sous toutes ses formes et on a laissé des vérités humainement incontestables se noyer dans les froides profondeurs du droit. On connaît toutes les sources du désespoir, toutes les raisons du contentement, et ces petites éternités de fureur ou de joie célébrées dans les fauteuils de notre bureau, on les sait provisoires. On sait tout du désir des uns et des autres car la seule affaire de notre étude, en vérité, c'est le désir, l'inextinguible appétit de l'animal social. Le désir est notre seul client. Ayant saisi cela, on vit dans la certitude de comprendre l'être humain. Cette certitude alimente notre besoin d'en savoir davantage et fait de ce métier, réputé monotone, l'aventure la plus passionnante qui soit pour un esprit curieux. Voyons un peu ce que désire ce nouveau client. Voyons ce qui l'anime. Voyons sous quelle bannière il croit avoir placé sa vie...

Or, voici qu'un matin d'été un jeune homme s'encadre dans votre porte. Celui-là n'est pas un client, et celui-là ne veut rien.

36

Je vins peu à peu à me persuader que mes désagréments relatifs au scribe étaient prédestinés de toute éternité, que Bartleby avait été nanti d'un billet de logement pour mon étude par une très sage Providence, et cela pour quelque mystérieux dessein qu'il ne m'appartenait pas à moi, simple mortel, de sonder.

« Oui, Bartleby, pensai-je, reste là derrière ton paravent, je ne te persécuterai plus ; tu es aussi inoffensif, aussi peu bruyant que n'importe laquelle de ces vieilles chaises ; bref, je ne me sens jamais autant en paix que lorsque je te sais là. Je le vois, je l'éprouve enfin ; je pénètre la raison d'être prédestinée de ma vie. Je suis satisfait. D'autres peuvent avoir des rôles plus élevés à jouer ; quant à moi, ma mission en ce monde, Bartleby, est de mettre mon étude à ta disposition aussi longtemps que tu trouveras bon d'y rester. »

Je crois que ce sage et bienheureux état d'esprit eût persisté sans les remarques peu charitables dont me gratifiaient spontanément les collègues qui venaient me rendre visite. Je me rendis compte que, dans le cercle de mes relations d'affaires, un murmure d'étonnement courait de bouche en bouche à propos de l'étrange individu que j'avais à mon étude. Cela m'ennuya fort. L'idée me vint que Bartleby pourrait bien atteindre un âge avancé, continuer à occuper mes bureaux et à défier mon autorité, exposer au scandale ma réputation professionnelle, se maintenir en vie jusqu'au bout grâce à ses économies (sans aucun doute il ne dépensait que quelques sous par jour) et, venant peut-être à me survivre, réclamer enfin la possession de mon étude en vertu du droit que lui conférait son occupation perpétuelle.

Que vais-je faire ? Que dois-je faire ? Qu'est-ce que ma conscience me dicte au sujet de cet homme, ou plutôt de ce fantôme ? Me débarrasser de lui s'impose. S'en aller, c'est bel et bien ce qu'il fera. Mais comment ? Tu ne vas pas jeter une créature aussi désarmée à la porte ? Tu ne vas pas te déshonorer par un pareil acte de cruauté ? Non, j'aimerais mieux le laisser vivre et mourir ici, quitte à sceller ensuite ses restes dans les murs. Que feras-tu donc ? En dépit de toutes tes exhortations, il ne s'en ira point. Il est clair qu'il préfère se cramponner à toi.

Alors, il faut prendre une mesure sévère, exceptionnelle. Quoi ! tu ne vas tout de même pas le faire appréhender par un agent de police et commettre à la prison commune son innocente pâleur ? D'ailleurs, sur quoi t'appuierais-tu pour perpétrer cela ? Sur le fait que c'est un vagabond ? Comment ! Un vagabond, un rôdeur, lui qui refuse de bouger ? C'est justement parce qu'il ne veut pas être un vagabond, que tu cherches à le classer comme tel ! Pas de moyens d'existence visibles, là je le tiens ! Point du tout, car il est indubitable qu'il subvient à son existence, et c'est là pour un homme la seule façon irréfutable de prouver qu'il en a les moyens.

Il suffit ; puisqu'il ne veut pas me quitter, il faut... Il faut que je le quitte ! Je changerai de bureau ! J'émigrerai ailleurs, et je le préviendrai honnêtement que si je le trouve dans mes nouveaux locaux, je le poursuivrai en justice pour pure et simple violation de domicile.

37

Je descendais les escaliers du métro quand elle m'apprit son suicide. Le téléphone vibre dans ma poche. Elle m'annonce le suicide de son mari. Mon frère. Le cœur battant, je m'assieds sur une marche. Mais non, mais non, tentative, seulement. Tentative ratée. Il est tiré d'affaire. À l'hôpital. Lavage d'estomac.

Je me relevai et entrepris de la consoler. Ma pauvre ! Se réveiller un matin au côté d'un mari agonisant... Consolation, consolation : Ma pauvre ! Cette part de nous-mêmes qu'on doit inévitablement sentir responsable du geste de l'autre... Ma pauvre ! Le corps du mari presque mort à côté de soi, au petit matin, dans notre lit, les cachets, le flacon vide, la terreur : Oh ! Ma pauvre !

— À côté de moi ? Comment ça à côté de moi ? Ah ! non, pas dans mon lit quand même ! Dans le sien ! Dans sa chambre !

Une autre chambre alors... Les cachets avalés dans un autre lit... Dans son lit à lui. Dans la solitude d'une chambre à part.

J'ai lentement remonté les marches du métro. J'avais

besoin d'air et d'espace. Besoin de marcher en rond sur la place de la Nation pour écouter cette voix dévider la litanie des griefs à l'égard du mari rescapé. Il était décidément « impossible » ! Et en plus il s'était trompé de cachets. Il croyait avoir avalé des somnifères, c'étaient des « euphorisants ». Ridicule ! (C'est vrai, on ne songe pas assez au ridicule des rescapés. La mort a ceci de commun avec la vie qu'il ne faut pas la rater. Jusqu'au bout les vivants sont au balcon ! Des « euphorisants »... pensez donc... Ridicule.) C'était de son malheur à elle qu'elle m'entretenait. L'impossible mari... Elle n'en finissait pas de dresser la liste de ses insuffisances et de ses démissions. Marcher et laisser parler. Faire le tour de la grande place autant de fois qu'il le faudrait. Ne pas l'interrompre. Ne pas lui expliquer par exemple qu'à l'écouter dévider la liste de ce que mon frère préférait ne pas être ou ne pas faire elle me rappelait cet ami commun que nous avions, lui et moi, et qui faisait le désespoir d'un notaire de Wall Street dans les années 1850.

J'ignorais cette chambre à part. Je devinais la solitude conjugale, mais je ne la savais pas territoriale. Lequel des deux avait déménagé ? Lequel avait abandonné le terrain à l'autre ? Pendant qu'elle dévidait ses plaintes, je songeais à l'organisation domestique de la solitude. Chambre à part... Qui décide de cet exil dans le royaume de la famille ? Nos propres parents ne dormaient pas dans le même lit mais ça ne me paraissait pas de l'ordre du bannissement. Une survivance bourgeoise du dix-neuvième siècle plutôt : le lit commun pour la procréation, la chambre à soi pour le sommeil. Pourquoi chambre à part, eux ? Je me rappelais le temps où les visages de ces deux-là étaient éclairés par le même lit.

Finalement je posai la question.

— Mais parce qu'il ronfle ! Beaucoup trop fort !

C'était vrai, mon frère ronflait. J'avais peu dormi dans la cabine de bateau que nous avions partagée durant notre dernière traversée pour la Corse. Je m'en voulais d'avoir oublié ce détail. Je pestais et je riais en même temps. Mon frère ronflait. Nous avions bu notre bière du soir, au frais, sur le pont du bateau, et hop, au lit, dans la même cabine, comme quand nous étions enfants. À peine endormi, me voilà réveillé. Nous avions partagé la même chambre pendant les onze premières années de ma vie et l'amitié fraternelle m'avait fait oublier ce détail, mon frère ronflait. Ronfleur précoce et tenace. Pendant onze ans j'avais dormi dans sa respiration.

Donc : chambre à part. Je l'imaginais acceptant tranquillement le verdict et laissant fuir l'objet du désir sans un geste pour le retenir. Chambre à part, pourquoi pas, après tout ? Pour lui, ce ne devait pas être un exil, c'était une conséquence naturelle du délitement. Lente décomposition affective avant la nuit du corps.

En conséquence, le lendemain je tins à Bartleby le discours suivant :

— Je trouve ce bureau trop éloigné de l'Hôtel de Ville ; l'atmosphère est malsaine. En un mot je me propose de changer de locaux la semaine prochaine, et je n'aurai plus besoin de vos services. Je vous le dis dès à présent afin que vous cherchiez un autre habitat.

Il ne répondit rien, et pas un mot ne fut ajouté.

Au jour dit, je commandai des fourgons et des hommes, me rendis à mes bureaux, et comme j'avais peu de meubles le tout fut enlevé en quelques heures. Du commencement à la fin, le scribe resta debout derrière le paravent, que j'ordonnai de n'enlever qu'en dernier lieu. Finalement, on le retira et, lorsqu'il eut été plié comme un énorme in-folio, Bartleby resta l'immobile occupant d'une pièce nue.

39

Nous parlâmes bien sûr de cette tentative de suicide,
mon frère et moi. Je le poussai à consulter une psycha-
nalyste recommandée par une amie.
— Pour quoi faire ?
— Pour parler.
— De quoi ?
— De toi.
— De qui ?
Quelques années après sa mort, ce fut cette psychana-
lyste qui me parla de lui. Longuement. Presque tendre-
ment. Elle n'avait pas oublié un mot de ce que lui avait
dit cet homme qui n'avait rien à dire.

40

.*Je m'attardai quelques instants dans le vestibule pour observer Bartleby, et je sentis monter en moi comme un remords.*

*Je rentrai dans la pièce, la main à la poche et... et le cœur
serré.*

*— Au revoir, Bartleby. Je m'en vais... Au revoir, et que
Dieu d'une façon ou d'une autre vous bénisse ; prenez ceci,
ajoutai-je en lui glissant un billet dans la main. Mais le billet
tomba sur le plancher, et alors – chose étrange – je dus m'ar-
racher à cet homme dont j'avais tant aspiré à me débarrasser.*

Je ne sais rien de mon frère mort si ce n'est que je l'ai aimé. Il me manque comme personne mais je ne sais pas *qui* j'ai perdu. J'ai perdu la gratuité de cette affection, l'agrément de cette compagnie, la profondeur de ce silence, la distance de cet humour, la délicatesse de cette attention, la sérénité de ce jugement, cette intelligence des situations, la paix. J'ai perdu ce qui restait de douceur au monde. Mais *qui* ai-je perdu ?

Je l'ai dit, il était le préféré de la famille, le préféré des parents et de leurs trois autres garçons. C'était presque sa définition. En famille une simple formule, répétée tout au long d'une vie, suffit à évoquer la personnalité des uns et des autres. De l'aîné, notre mère disait : « Plantez-le au Sahara, il poussera des femmes. » Du puîné (qui emporta les mystères d'une vie mélancolique dans les abysses d'Alzheimer) la mère disait qu'enfant « il faisait des crises de nerfs épouvantables ». Le troisième était le préféré, et à moi le dernier-né (le « caganis », en argot local), la mère répétait : « Tu m'as fait un abcès au sein. » Aucune acrimonie dans ces propos maternels, aucune intention de flatter ou de rabaisser ; juste des impressions qui, à la naissance de chaque garçon ou durant sa petite enfance, avaient affecté la mère d'un ressassement. Elle répétait ces formules sans penser à mal. Chacun de ses fils se détachait sur un fond de toile particulier, voilà tout.

Le troisième, donc, était le préféré. Entre lui, notre mère et moi, cette préférence était l'occasion d'un petit dialogue de comédie qui nous amusait beaucoup. Je mimais la colère en glapissant, sur le ton d'une idiote tendresse maternelle :

— Ah ! Mon petit Bernard, mon petit Bernard ! Mais quand comprendras-tu qu'il n'en veut qu'à ton héritage ?

La mère répondait en riant :

— Il a raison, je lui donnerai tout, et à toi pas un kopeck !

Le frère concluait :

— C'est comme ça, mon petit gars. Dans la vie, faut savoir se placer.

Du rire de notre mère – qui avait le caractère plutôt sombre – je me rappelle la clarté. Quelle luminosité à ces moments-là !

Beaucoup plus tard, vieux messieurs devenus, promenant nos chiens dans la garrigue, j'interrogeai Bernard sur son statut de fils préféré.

— C'était lourd, répondit-il.

Il n'ajouta pas grand-chose, me laissant le soin de soupeser le fardeau de l'idéalisation. Chacun de nous à notre façon l'avait installé à une hauteur dont il aurait bien aimé descendre, mais comment faire ? Son extrême gentillesse, sa serviabilité, son calme, sa discrétion, son refus de dramatiser, sa lucidité, son attention, son ironie douce avaient fait de lui la référence implicite des uns et des autres. En sa présence, on ne se fâchait pas. Il incarnait l'équilibre familial. Par exemple, il était mon défenseur naturel. Dès mes premiers rapports avec l'institution scolaire je fus mauvais élève, affabulateur et voleur domestique. Il me restait tout de même quelques qualités et quand on me faisait un reproche qui tenait plus aux préjugés qu'à la réalité des faits, il corrigeait tranquillement mon accusateur en déclarant que non, Daniel n'est pas comme ça. Il apportait les preuves sans véhémence, on le croyait, le débat était clos.

— Oui, c'était plutôt pénible à porter, finalement, cette histoire de fils préféré.

Nous lui avions fait une réputation sur laquelle reposait le confort mental de notre tribu ; une tribu close sur elle-même où rien, jamais, ne se disait d'intime, où l'on faisait de l'esprit pour n'avoir ni à parler de soi ni à s'inquiéter réellement de l'autre, une tribu dont l'harmonie faisait l'admiration des collatéraux et des visiteurs mais dont chaque membre, séparément, tournait dans la cage de sa solitude. Extrême dignité du père ? Timidité congénitale ? Pudeur ? Affaire d'époque, d'éducation, de tempéraments ? Nous ne parlions qu'autour de ce qu'il y avait à dire. Souvent en commentant les livres que nous lisions. La Littérature nous servait de camp retranché.

Onze années de chambre commune mon frère et moi, davantage peut-être de conversations téléphoniques, le tour de la terre à promener nos chiens ensemble, des parties d'échecs qui frisaient l'éternité et je pourrais compter sur les doigts d'une seule main les secrets que nous avons échangés ! Quand, alarmé par son air d'abandon, j'essayai, par exemple, de l'engager sur le terrain de la confidence conjugale, il m'arrêta doucement :

— Mon pauvre Daniel, tu n'imagines pas à quel point les femmes sont différentes de nous.

Fin de la conversation.

Bref, la confidence n'était pas dans nos mœurs. Nous étions les derniers représentants du monde du silence : deux mérous, lui et moi, occupés à jouer aux échecs pour le plaisir de ne pas battre l'autre. Tout autour de nous et tout au long de nos vies, la parole se libérait, les barrages cédaient, l'intimité se répandait hors des familles, des couples, des amitiés, des entreprises, des partis politiques, elle envahissait les journaux, les écrans, la rue, le Net. La collision des sphères privées et publiques créa finalement un raz de marée si universel qu'aux plus hautes instances de l'État on put même entendre un président de la République déclarer publiquement qu'avec Une telle « c'était du sérieux ».

Nous, nous promenions nos chiens en nous taisant et, quand nous nous perdions de vue dans la montagne, nous nous retrouvions en sifflant entre nos doigts.

42

Une fois établi dans mes nouveaux quartiers, je tins ma porte verrouillée pendant un jour ou deux, tressaillant à chaque bruit de pas dans les couloirs. Lorsque je regagnais mes bureaux après ne fût-ce qu'une courte absence, je m'arrêtais un instant sur le seuil pour écouter attentivement avant d'introduire la clef dans la serrure. Mais ces craintes étaient superflues, Bartleby ne revint jamais dans mes parages.

Je pensais que tout allait bien, quand je reçus la visite d'un inconnu qui me demanda d'un air soucieux si je n'avais pas occupé récemment des bureaux au numéro*** de Wall Street.

Plein de pressentiments, je répondis que oui.

— Alors, monsieur, dit l'inconnu, qui s'avéra être un homme de loi, vous êtes responsable de l'individu que vous y avez laissé. Il refuse de faire de la copie, il refuse de faire quoi que ce soit. Il dit qu'il préfère s'abstenir ; et il refuse de quitter les lieux.

— Je regrette beaucoup, monsieur, répondis-je avec une feinte tranquillité, en vérité l'homme auquel vous faites allusion ne m'est rien, il n'est ni mon parent ni mon employé, et vous ne sauriez me rendre responsable de lui.

— Au nom du Ciel qui est-ce ?

— Je suis parfaitement incapable de vous renseigner. Je ne sais rien de lui. Je l'ai naguère employé comme copiste mais il y a quelque temps qu'il n'a rien fait pour moi.

— Je lui réglerai son compte, alors. Au revoir, monsieur.

Plusieurs jours passèrent et je n'entendis plus parler de rien. La charité me disait souvent de me rendre sur les lieux pour voir le pauvre Bartleby, mais certaine crainte frileuse de je ne sais quoi me retint toujours.

Cette fois, c'en est fait de Bartleby, pensai-je lorsqu'une nouvelle semaine se fut écoulée sans que j'eusse entendu parler de lui. Mais le jour suivant, en arrivant à mon bureau, je trouvai plusieurs personnes qui m'attendaient devant ma porte dans un état d'extrême surexcitation.

— C'est lui, le voilà qui arrive ! s'écria le chef de file, en qui je reconnus l'homme de loi dont j'avais déjà reçu la visite.

— Il faut l'emmener sur-le-champ, monsieur, s'écria un personnage corpulent en s'avançant vers moi (c'était mon ancien propriétaire de Wall Street). Ces messieurs qui sont mes locataires ne peuvent pas supporter plus longtemps cet état de choses. Monsieur B. (il désignait l'homme de loi) l'a mis à la porte de son bureau, et maintenant il persiste à hanter l'ensemble de la maison ; il s'assoit sur la rampe de l'escalier pendant la journée et, la nuit, il dort dans le vestibule. Tout le monde se plaint. Les clients désertent les bureaux ; on craint même une émeute ; il faut que vous fassiez quelque chose, et cela sans délai.

43

Grand soulagement du public, cette arrivée des râleurs ! Depuis un certain temps, le silence dans la salle était à couper au couteau. Chaque spectateur se sentait enfermé dans la folie du notaire. Jusqu'où irait-il ? Ce n'était plus Bartleby le sujet du suspense, c'était lui désormais, le notaire déboussolé. Ses réactions suscitaient des « Ho ! », des « Noooon ! », des « Quand même ! ». À voix étouffée, certes, mais audibles de la scène. La panique du notaire avait gagné les cœurs. Pour extravagante qu'elle parût d'abord, sa décision de déménager fut admise, finalement, comme une solution acceptable. Il n'y avait plus de quoi rire. On comprenait sa terreur de voir Bartleby le rejoindre où qu'il fût. Un grand nombre de spectateurs l'avaient vécue, cette quête étouffante de la solution introuvable. Ils me le disaient à la sortie du théâtre : parents affligés d'un adolescent silencieux, mère d'une fille anorexique, professeurs impuissants devant une classe frappée d'autisme, propriétaires pestant contre des locataires indélogeables, employeur dynamique contre employé amorphe... C'est fou ce que Bartleby faisait « penser à ».

— Tout à fait comme mon fils, vraiment !

— J'ai tout essayé, mais...

Bref, l'arrivée des râleurs offrait un soulagement au public. De courte durée, on s'en doutait bien, mais bon à prendre. On éprouvait la sensation canaille d'avoir refilé la patate chaude à moins compétent que soi. Et, comme les râleurs se présentaient en bande de citoyens outrés, sûrs de leur bon droit et bardés de principes, ils faisaient l'unanimité contre eux. On s'amusait fort de leur embarras. Voyons ce qu'ils allaient en faire, eux, de Bartleby !

44

Je reculai, abasourdi par ce torrent de paroles. En vain protestai-je que Bartleby ne m'était rien, qu'il ne me concernait pas plus que n'importe qui : j'étais la dernière personne dont on savait qu'elle avait eu affaire à lui, et on m'en imputait la terrible charge. Craignant de voir mon nom traîné dans les journaux (comme l'un des assistants m'en menaça obscurément), je pesai la question et déclarai enfin que, si l'homme de loi me permettait d'avoir une entrevue confidentielle avec le scribe dans son cabinet, je ferais de mon mieux pour les délivrer du fardeau dont ils se plaignaient.

45

La dernière vie de mon frère fut sa retraite anticipée, son Parkinson, son suicide raté, son flirt avec la psychanalyse, l'Alzheimer de notre puîné et sa deuxième mort, à lui, le préféré, par le bistouri enfin libérateur. Cette fois encore, je n'étais pas là. Quand bien même, il n'aurait plus été tenté de rebrousser chemin.

Quand je lui avais demandé pourquoi il tenait absolument à anticiper sa retraite, il m'avait fait une réponse à la Bartleby :

— Ça va de soi.

La boîte qui l'employait, disait-il, avait perdu toute raison d'être. Dépassée par la concurrence privée elle ne produisait plus les services qu'on attendait d'elle. À vrai dire elle ne produisait plus rien. C'était une survivance stérile de l'aéronautique d'État.

— Nous n'existons plus mais nous faisons comme si de rien n'était.

J'essayai de blaguer :

— De quoi te plains-tu ? Tu me bassines depuis toujours avec l'entropie. Eh bien ! voilà, tu bosses dans une boîte qui n'ajoute plus à l'entropie ! C'est une belle fin de carrière pour toi, non ?

— Non, c'est un mensonge.

Mensonge ou pas, je le voyais mal troquer un milieu professionnel où il jouissait de l'estime de ses supérieurs et de l'affection de ses subordonnés contre un mortifère exil conjugal.

Mais, rien à faire, il s'accrochait à sa thèse ; cette comédie du travail était une insulte à la dignité :

— Payés à ne rien foutre ! Tu ne trouves pas ça honteux ?

— Honteux je ne sais pas mais inévitable à coup sûr.

Car, de mon côté, je voyais venir le jour où l'humanité entière serait payée à ne rien faire pour continuer à consommer en rond. L'autre terme de l'alternative était un conflit planétaire, une gigantesque saignée démographique où on casserait le plus de matériel possible, histoire de faire repartir la machine en réparant les dégâts. Pour le coup, chacun se sentirait joyeusement utile !

— Qu'est-ce que tu préfères, l'impôt négatif ou la guerre universelle ?

Ça ne marchait pas. Il ne jouait plus. La tristesse était profonde. Aujourd'hui, je pense que M. Parkinson était en route, si ce n'est déjà installé en lui.

Sa première pensée, quand le diagnostic tomba, fut pour l'épouse :

— Elle qui veut que je me secoue, elle va être servie.

46

Lorsque je montai l'escalier de mes anciens locaux, je trou-
vai Bartleby assis en silence sur la rampe du palier.

— *Que faites-vous là, Bartleby ? demandai-je.*

— *Je suis assis sur la rampe, répondit-il doucement.*

Je l'emmenai dans le cabinet de l'homme de loi, et celui-ci
nous laissa.

— *Bartleby, lui dis-je, vous rendez-vous compte que vous*
êtes pour moi une source de grand tracas en persistant à occu-
per ce vestibule après votre renvoi du bureau ?

Pas de réponse.

— *Allons, c'est une nécessité, de deux choses l'une : ou*
bien vous ferez quelque chose de vous-même ou bien on fera
quelque chose à votre sujet.

Pas de réponse.

— *Voyons, dans quelle sorte d'affaire voudriez-vous*
entrer ? Voulez-vous vous engager à nouveau comme
copiste ?

— *Non, je préférerais m'abstenir de tout changement.*

— *Aimeriez-vous à être commis aux écritures dans une*
épicerie ?

— Ce serait trop enfermé. Non, je n'aimerais pas être commis. Mais je ne suis pas difficile.

— Trop enfermé ! m'écriai-je ; mais vous restez enfermé tout le temps !

— Je préférerais ne pas être commis, reprit-il, comme pour régler une fois pour toutes cette petite question.

— Aimeriez-vous à tenir un bar ? Ce n'est pas une occupation qui éprouve la vue.

— Non, je n'aimerais pas du tout ça. Mais, encore une fois, je ne suis pas difficile.

Sa loquacité inaccoutumée m'encouragea. Je revins à la charge :

— Eh bien ! alors, aimeriez-vous à courir le pays en encaissant des factures pour le compte de marchands ? Votre santé en serait améliorée.

— Non, je préférerais autre chose.

— Vous plairait-il alors d'accompagner en Europe quelque jeune homme de bonne famille qui profiterait des avantages de votre conversation ?

— Pas du tout. Je n'ai pas l'impression qu'il y ait rien de bien défini là-dedans. J'aime à être sédentaire. Mais je ne suis pas difficile.

— Sédentaire vous serez donc ! m'écriai-je, perdant toute patience et, pour la première fois de mes exaspérantes relations avec Bartleby, me mettant bel et bien en colère. Si vous ne quittez pas les lieux avant la nuit, je me verrai obligé... en vérité je suis obligé de... de... de quitter les lieux moi-même ! conclus-je assez absurdement, ne sachant à quelle menace recourir pour intimider son inertie et forcer son consentement.

47

Mon frère aurait aimé être l'heureux propriétaire d'un cabanon. Un cabanon de chez nous, minuscule, dans la garrigue. Avec un arbre planté devant la porte, comme il se doit. Quand je lui demandai pourquoi, il répondit :
— Pour pouvoir gueuler une fois par jour : Mireilleu, je vais au cabanon'g !

48

J'allais partir précipitamment lorsqu'une dernière idée me vint à l'esprit.

— Bartleby, dis-je du ton le plus doux que je pusse prendre dans des circonstances aussi irritantes, voulez-vous m'accompagner chez moi maintenant – non pas à mon bureau, mais à mon logis – et y rester jusqu'à ce que nous ayons décidé ensemble tout à loisir des dispositions à prendre pour vous ? Venez, allons-y de ce pas.

— Non, pour l'instant je préférerais m'abstenir de tout changement, quel qu'il soit.

49

Tout à fait à la fin, il rêva d'une promenade en péniche. Nous deux, un échiquier, sur les canaux, d'écluse en écluse, à deux kilomètres à l'heure mais le plus loin possible. Il avait étudié les parcours envisageables. J'étais d'accord, enthousiaste même, mais j'ai traîné. J'ai traîné... Comme si j'avais sa vie devant moi.

50

Dès que j'eus retrouvé mon calme, je vis clairement que j'avais fait désormais tout ce que je pouvais faire pour venir en aide à Bartleby et le protéger de toute persécution brutale.

Je craignais tant de me voir pourchassé à nouveau par le propriétaire furibond et par ses locataires exaspérés que je laissai le soin de mes affaires à Lagrinche pour quelques jours. En fait, pendant cette période, je vécus pour ainsi dire dans mon cabriolet.

51

Donc, le jour où ce jeune chirurgien tua vraiment mon frère, je n'y étais pas. J'étais à Venise. On y donnait dans un théâtre minuscule une représentation d'un monologue que je venais d'écrire. C'est l'histoire d'un patient qui, en une nuit d'hôpital, développe tous les symptômes de toutes les maladies mortelles et que l'ensemble du corps médical s'acharne à sauver dans une débauche spectaculaire de compétences et de rapidité. Ce monologue, gesticulatoire et survolté, était donné à contre-emploi par un vieux comédien parfaitement impassible. Debout immobile à côté d'une civière – qui symbolisait le patient en fusion – il débitait le texte avec une lenteur lagunaire qui faisait rire le public aux larmes. Ils étaient vénitiens, c'était leur langue, c'était leur comédien, ils avaient mille ans d'âge et s'amusaient infiniment du traitement d'escargot que l'acteur faisait subir à la frénésie hospitalière telle que je la décrivais et que la célébraient certains feuilletons télévisés de l'époque.

Comme il aurait aimé ce spectacle, mon frère ! Comme

cette burlesque célébration de la lenteur l'aurait amusé, lui que la maladie paralysait peu à peu et qui me disait : « Tu verras, je finirai par vivre à mon rythme. »

52

*Lorsque, finalement, je regagnai mon étude, je trouvai sur
mon bureau une lettre du propriétaire. Je l'ouvris d'une main
tremblante ; mon correspondant m'informait qu'il avait pré-
venu la police et fait mettre Bartleby aux Tombes* (la prison
centrale de New York) *pour vagabondage. Il me deman-
dait en outre, puisque j'en savais plus que quiconque à son
sujet, de me rendre auxdites Tombes et d'exposer congrûment
les faits.*

*Cette nouvelle produisit sur moi des effets contradictoires.
Mon premier mouvement fut d'être indigné ; mais en fin de
compte, j'approuvai presque. L'humeur énergique et expédi-
tive du propriétaire lui avait inspiré une ligne de conduite que
je ne me fusse sans doute jamais résolu à prendre. Cependant
en dernier ressort, et dans des circonstances aussi exception-
nelles, il semblait que ce fût le seul parti possible.*

53

À la sortie du théâtre m'attendaient tous ceux qui me proposaient des hypothèses quant à l'état de Bartleby. Les plus naïfs cherchaient l'anecdote. Même saugrenue. Une jeune fille me dit avoir cru que Bartleby ne savait pas lire. Qu'il savait écrire, certes, mais qu'il ne pouvait collationner les copies de ses collègues faute de savoir lire. Sans s'expliquer cette bizarrerie elle s'y était accrochée pendant la moitié du spectacle. Un monsieur d'un certain âge soupçonnait Bartleby d'être « le fils caché du notaire ». Tenté par le drame bourgeois il prêtait des origines au héros et lui voulait un destin. Pour la défense de cette naïveté, il faut rappeler que Melville lui-même ne tirait pas son Bartleby du néant. Un ami de jeunesse, fort malade (il s'appelait Eli James Murdock Fly), lui aurait servi de modèle, et deux personnages de fiction aussi : le Nemo de Dickens, copiste dans *La Maison d'Âpre-Vent*, et un certain Adolfus Fitzherbert, clerc mélancolique, embauché dès les premières pages de *L'Histoire de l'avoué,* un roman oublié du non moins oublié James A. Maitland. (Je dois ces détails aux notes de Philippe

Jaworski, dans la collection de la « Pléiade ».) Un jeune homme me déclara avoir très vite compris, lui, que toute cette affaire Bartleby c'était « un truc à la Godot ».

Parfois m'attendaient des médecins. Ceux-là y allaient de leurs diagnostics. Pour la plupart, Bartleby était schizophrène, bien sûr.

— Hébéphrénie, proposa un psychiatre. Cette perte massive de désir, ce repli sur soi, oui, oui, hébéphrénie...

Un interniste me parla de tuberculose, qui n'était pas plus rare qu'ailleurs dans le New York du XIXᵉ siècle et suscite chez le patient une immense fatigue. Un autre médecin (Bartleby passionne le corps médical !) penchait pour une syphilis évoluée. Un autre encore parlait d'une aboulie caractéristique. Une historienne rapprocha l'état de Bartleby du type de psychose qui, selon elle, affectait au Moyen Âge les moines copistes les plus assidus à leur tâche. Un jeune professeur de littérature comparée me rappela que la « mélancolie était la grande affaire du XIXᵉ, toutes littératures confondues ».

— La clinique du docteur Blanche était pleine de Bartleby(s) ! conclut-il.

Un malin provoqua l'hilarité de son entourage en affirmant qu'en tout cas on ne pouvait pas classer Bartleby parmi les hyperactifs. Une tonitruante idiote claironna que Bartleby, « je te l'aurais fait sortir de ses gonds, moi ! ».

D'autres, des lecteurs aguerris ceux-là, des érudits parfois, jouaient au jeu des comparaisons littéraires. Ils cataloguaient Bartleby en fonction de leurs lectures. Ils en faisaient un personnage du refus radical ou un non-désirant absolu. Pleuvaient alors des noms aussi variés

que Meursault, Oblomov, Bardamu, ou l'Homme qui
dort de Perec, tous, selon eux, frères de Bartleby en littérature. Un lecteur de Deleuze classa Bartleby parmi
les « anges hypocondres » de Melville, quand le capitaine
Achab faisait, lui, partie de ses « démons maniaques ».
À chacun je répondais oui, oui, tout en me demandant
pourquoi ils ne pouvaient aller se coucher sans avoir casé
Bartleby quelque part. Tous notaires, en somme.

Jusqu'au jour où, cherchant moi-même le sommeil, je
me suis demandé pourquoi j'avais monté ce spectacle.
Et pourquoi n'avais-je mis sur scène que le seul personnage de ce notaire, rendu fou par celui du scribe ?
Et pourquoi m'étais-je attribué son rôle ? Le fait que la
nouvelle me plaisait depuis toujours n'était pas suffi-
sant. Il me fallut admettre que je jouais avec mon frère
absent. Toute notre vie nous avions joué ensemble. Je
grimpais sur scène comme s'il était présent dans la salle.
Comme si je lui rendais le biscuit au gingembre qu'il
m'avait offert un jour : « Un Bartleby ? » Il n'était pas
là, bien sûr, il n'était plus nulle part, mais je lui offrais
son Bartleby tous les soirs. De son vivant, il avait aimé
me voir jouer. Il venait à mes spectacles. Il me trouvait
courageux de m'exposer sur scène. Il se déclarait fier de
moi, comme pendant notre enfance quand un exploit
mineur (escalader un mur, plonger de trop haut dans un
trou de notre rivière) venait compenser mes ratages fami-
liaux et scolaires. C'est à lui que je rendais mes comptes.

Le 6 avril de cette année-là, un rêve me le confirma.

Je l'ai noté.

Le voici.

Nous sommes en voiture, Bernard et moi, sur l'autoroute du Sud, nous allons chez nos parents. Il me demande des nouvelles de la pièce.

— Ça marche, ton *Bartleby* ?

— Oui, regarde. Et je lui tends une lettre de Mme A, la directrice de l'établissement où Alzheimer a conduit notre frère puîné sept mois plus tôt. Mme A y déclare avoir vu le spectacle et l'avoir beaucoup aimé. Bernard prend la lettre, commence à la lire mais, brusquement, je me rappelle que dans cette même lettre Mme A me parle de sa mort, à lui, Bernard. Elle me présente des condoléances tardives. Alors, je lui arrache la lettre des mains, prétextant qu'elle est « incomplète ». Je ne veux pas qu'il apprenne sa propre mort de cette façon.

Le jour même, je me rendis aux Tombes où je demandai à voir Bartleby.

Comme aucune charge infamante ne pesait sur lui et qu'il se comportait d'une façon parfaitement inoffensive et sereine, on lui avait permis d'errer librement à travers la prison, notamment dans les cours intérieures tapissées de gazon. Et je le trouvai là, qui se tenait tout seul dans la plus tranquille des cours, le visage tourné vers un haut mur, cependant qu'alentour, à travers les fentes étroites des fenêtres de la prison, je croyais voir les meurtriers et les voleurs darder sur lui leurs regards.

— Bartleby !

— Je vous connais, répondit-il sans se retourner – et je n'ai rien à vous dire.

— Ce n'est pas moi qui vous ai envoyé ici, Bartleby, répondis-je, vivement peiné par son soupçon implicite. D'ailleurs pour vous cet endroit ne devrait pas être un lieu tellement infâme : aucun déshonneur n'en rejaillit sur vous. Et voyez, ce n'est pas aussi triste, ici, qu'on pourrait le croire. Regardez, il y a là le ciel, et ici le gazon.

— *Je sais où je suis, répondit-il.*

Après quoi, il ne voulut plus rien me dire, et je le quittai.

55

Nous sommes tous fous. Singulièrement quand nous rendons visite à ceux qui ont perdu la raison. Notre frère puîné était depuis quelques années atteint de la maladie d'Alzheimer. Bernard en assurait la tutelle. Il le visitait tous les jours dans la maison de Mme A. Moi, Parisien, je venais plus rarement, et j'étais un piètre visiteur. Dès que je me trouvais en sa présence je me sentais tout à fait empêché. Me reconnaissait-il ? En réalité, c'était moi qui ne le reconnaissais pas, et j'en étais paralysé. Où était passé ce frère-là ? Je ne le retrouvais plus dans ce grand corps habité par un enfant aux yeux perdus qui ne savait plus manger seul. Tous les Noëls de notre jeunesse il nous avait comblés de cadeaux somptueux. C'était le tempérament le plus généreux de la tribu et le salaire le plus important. Bernard l'appelait en souriant « ce qui se fait de mieux dans la maison ». Il m'avait offert ma première machine à écrire au prétexte que, les éditeurs n'acceptant pas les manuscrits, il fallait que je tape mes textes si je voulais être publié un jour. Il avait payé mes loyers d'étudiant (mes études tirant pourtant en longueur), il m'avait donné ma première voiture, et durant les derniers étés de sa lucidité nous avions fumé nos pipes ensemble, chez moi, dans le Vercors, à la chaleur du même feu, en jouant nous aussi aux échecs. Et me voilà dans sa chambre à ne savoir que faire parce qu'il n'était plus le frère que j'avais connu : où est la vraie folie ?

Un jour que je lui avais apporté du chocolat je restai pétrifié à le voir dévorer l'emballage qu'il avait vidé de son contenu. Bernard était entré dans la chambre à ce moment-là, lui avait doucement retiré le carton de la bouche et lui avait mis un chocolat dans la main :

— Non, mon vieux, le comestible, c'est plutôt ça.

Comme je regagnais le corridor, un gros homme viandeux, affublé d'un tablier, m'accosta et me dit en lançant son pouce par-dessus son épaule :

— *C'est votre ami ?*

— *Oui.*

— *Est-ce qu'il veut mourir de faim ? Si c'est ça qu'il veut, c'est facile ; il n'a qu'à se contenter de l'ordinaire.*

— *Qui êtes-vous ? demandai-je, ne sachant que penser d'une personne qui parlait de façon aussi peu officielle en un tel lieu.*

— *Je suis le marchand de bouffe. Les messieurs qui ont des amis ici me chargent de leur procurer du bon manger.*

— *Est-ce vrai ? demandai-je au geôlier.*

Celui-ci fit signe que oui.

Après avoir demandé son nom au marchand de bouffe, je m'approchai avec lui de Bartleby.

— *Bartleby, voici un ami ; il vous sera fort utile.*

— *Vot'serviteur, monsieur, vot'serviteur, dit le marchand de bouffe, j'espère que l'endroit vous plaît, monsieur ; de beaux terrains... des locaux frais... j'espère que vous res-*

terez quelque temps avec nous, monsieur... je tâcherai de rendre votre séjour agréable. Que désirez-vous pour déjeuner aujourd'hui ?

— Je préfère ne pas déjeuner aujourd'hui, dit Bartleby en se détournant. Cela ne m'irait pas. Je n'ai pas l'habitude de déjeuner.

Ce disant, il s'en fut lentement de l'autre côté de la cour et se posta face au mur aveugle.

— Comment ça ? dit le marchand de bouffe en me jetant un regard stupéfait. Il est bizarre, non ?

— Je crois qu'il a l'esprit un peu dérangé, dis-je tristement.

— Dérangé ? Dérangé vraiment ?

57

Ils sont à table. Mon frère tarde à manger. Une mouche se pose sur son nez. Il ne fait pas le moindre geste pour la chasser. Bientôt, cette mouche devient l'objet de l'attention générale. Personne n'en parle mais on ne voit qu'elle. Il doit s'en apercevoir parce qu'il finit par dire :

— La pauvre, elle me prend déjà pour mon cadavre.

L'épouse se lève en renversant sa chaise. Elle s'écrie :

— Tu es odieux !

Il murmure quelque chose comme :

— Mais non, mais non je ne suis pas odieux...

Je tiens cette histoire de mon neveu, qui fut un fils affectueux, dévoué et perplexe. Il me l'a dite au téléphone, en l'accompagnant de ce rire franc par lequel, depuis sa petite enfance, il tient le mélodrame à distance.

Une autre fois mon neveu me dit :

— Bien sûr, ce n'était pas un père très encourageant...

Puis, malicieux :

— Il avait peut-être épuisé avec toi toutes les ressources de la paternité.

Et moi songeant tout de même, en écrivant ces lignes,

qu'être la femme d'un cousin – même éloigné – de
Bartleby ne devait pas être facile tous les jours.

Quelques jours plus tard, je fus de nouveau admis à péné-
trer dans les Tombes et je parcourus le couloir à la recherche
de Bartleby, mais sans le trouver.

— Je l'ai vu sortir de sa cellule il y a un petit moment,
dit un geôlier. Peut-être qu'il est allé flâner dans les cours.

J'allai donc dans cette direction.

— Vous cherchez l'homme silencieux ? dit un autre geôlier
en me croisant. Il est couché là-bas – endormi dans la cour.
Il n'y a pas vingt minutes que je l'ai vu couché par terre.

La cour était parfaitement tranquille, car les prisonniers ordi-
naires n'y avaient pas accès. Les murs d'une extraordinaire
épaisseur qui l'entouraient ne laissaient venir à elle aucun bruit.

Étrangement recroquevillé au pied du mur, couché sur le
flanc, les genoux repliés et la tête touchant les pierres froides :
tel m'apparut l'émacié Bartleby. Mais rien ne bougeait. Je
m'arrêtai, puis m'approchai tout contre lui ; je vis en me
penchant que ses yeux voilés étaient ouverts ; par ailleurs, il
semblait profondément endormi. Quelque chose m'incita à le
toucher. Je tâtai sa main : un frisson convulsif courut le long
de mon bras et de mon échine jusqu'à mes pieds.

La face ronde du marchand de bouffe me dévisageait :

— Son déjeuner est prêt. Est-ce qu'il va encore se passer de déjeuner aujourd'hui ? Il vit donc sans déjeuner ?

— Il vit sans déjeuner, répondis-je, et je lui fermai les yeux.

— Hé !... il dort, n'est-ce pas ?

— Avec les rois et les conseillers, murmurai-je.

59

Je la reconduisais chez elle après une réunion de famille. Nous roulions sur cette même autoroute du Sud où le souvenir de mon frère préféré m'avait donné l'envie de monter *Bartleby*. Elle se plaignait de ce que son mari – lui, donc, mon frère – eût laissé ses affaires en plan avant de mourir. Qu'il lui fallait maintenant, elle, se débrouiller seule avec la paperasse. Elle m'enjoignait d'être plus prévoyant, de partir en ayant tout mis en ordre, de penser aux survivants. Elle me parlait comme une mère ordonne à son fils de faire son lit au carré. C'était une voix pointue et nette. Un ton qu'on ne contredit pas. Aucune place pour le doute. Je conduisais sans répondre. Je songeais aux couples. À celui-ci en particulier. C'est donc l'histoire d'un couple, me disais-je, où le mari ne m'aura jamais dit de mal de sa femme qui ne m'en aura jamais dit de bien. L'envie me vint de modifier cette histoire. Si peu que ce fût. Nous allions arriver chez elle. Nous passions devant le cimetière où le préféré et le puîné étaient enterrés dans deux tombes voisines. Oui, après la mort du préféré le puîné était mort à son tour. Je le croyais absolument détruit par Alzheimer mais il y avait encore suffisamment de conscience en lui pour le faire mourir de chagrin. Si son frère préféré ne venait plus le visiter tous les jours, c'est que son frère préféré était mort. Il mourut donc aussi, emporté par cette intuition. Je crois en ces choses parce que cette chose bouleversante s'est produite.

Bref, je m'étais mis en tête de faire dire à l'épouse une gentillesse sur mon frère. Je voulais entendre cela une fois. Une seule fois. C'était une idée idiote, j'aurais pu m'en passer mais j'ai dû me raconter que la satisfaction de ce désir à ce moment précis m'était vitale. (On ne pense qu'à soi et je suis capable de ce genre d'idiotie.)

J'ai donc arrêté la voiture devant le cimetière. Nous nous sommes rendus sur la tombe et là j'ai demandé à l'épouse de me dire quelque chose de gentil sur mon frère. J'ai précisé, n'importe quoi, une douceur, un bon moment, un détail qui t'émeuve, quelque chose qui te fasse plaisir. Rien qu'une fois, s'il te plaît. Elle s'est tue, d'abord. Elle réfléchissait. Elle plissait son front bombé. Dieu que cette fille avait été jolie ! Nos vies étaient presque passées mais le souvenir vivace de la beauté régnait encore sur ce visage crispé par la réflexion. Elle plissait le front. Elle réfléchissait avec beaucoup de sérieux. Elle fouillait en son couple. Un beau souvenir allait surgir, pêché peut-être dans les profondeurs de leur jeunesse. J'étais attentif comme au-dessus d'un cadeau qu'on ouvre. Front plissé, sourcils froncés, bouche contractée, elle dit enfin :

— Je ne l'ai jamais trompé.

Il n'y a guère lieu, semble-t-il, de pousser plus loin ce récit. L'imagination suppléera aisément au maigre exposé de l'enterrement du pauvre Bartleby. Mais avant de vous quitter, si ce petit récit vous a suffisamment intéressé pour éveiller votre curiosité à l'endroit de Bartleby et du genre de vie qu'il avait pu mener avant notre rencontre, tout ce que je puis répondre c'est que je partage pleinement ladite curiosité mais que je suis complètement incapable d'y satisfaire.

Toutefois, je ne sais si je dois divulguer certaine petite rumeur qui vint à mon oreille quelques mois après le décès du scribe. Sur quel fondement reposait-elle, je n'ai jamais pu le découvrir, aussi suis-je incapable de dire dans quelle mesure elle est vraie.

Quoi qu'il en soit la rumeur en question voulait que Bartleby eût exercé une fonction subalterne au service des Lettres au rebut de Washington, et qu'il en eût été soudainement chassé par un changement administratif. Quand je songe à cette rumeur, je puis à peine exprimer l'émotion qui s'empare de moi.

Les lettres au rebut !

Cela ne rend-il point le son d'hommes au rebut ?

Imaginez un homme condamné par la nature et l'infortune à une blême désespérance ; peut-on concevoir besogne mieux faite pour l'accroître que celle de manier continuellement ces lettres au rebut et de les préparer pour les flammes ?

Car on les brûle
chaque année
par charretées.

Parfois, des feuillets pliés, le pâle employé tire un anneau : le doigt auquel il fut destiné s'effrite peut-être dans la tombe ;

un billet de banque que la charité envoya en toute hâte : celui qu'il eût secouru ne mange plus, ne connaît plus la faim ;

un pardon pour des êtres qui moururent bourrelés de remords ;

un espoir pour des êtres qui moururent désespérés ;

de bonnes nouvelles pour des êtres qui moururent accablés par le malheur.

Messages de vie, ces lettres courent vers la mort.

Ah ! Bartleby ! Ah ! humanité !

Aujourd'hui, le destin des morts est d'occuper les fonds d'écran. Je vois cette photo tous les matins en allumant mon ordinateur et la retrouve quand je referme ma page d'écriture : mon frère et moi assis sur un muret. J'ai trois ans. Il en a huit. Je suis le blond, il est le brun, je suis devant, il est derrière. Il me tient entre ses mains et, quoique tournant sans réticence son visage vers le photographe, il pose sur lui un regard qui installe une tranquille distance. Pourtant ce regard n'est pas méprisant. Pourtant ces mains ne sont pas possessives. Les mains ne cramponnent pas, le regard ne dit pas chasse gardée ce petit frère est à moi. Le regard songe, les mains protègent. Tout juste empêchent-elles le petit de tomber du muret. Ce qui pourrait bien arriver car le petit semble plein de vie. Regardez-les, le grand et le petit. Le grand est assis, tranquillement occupé à protéger le petit qui semble prêt à tout : il va se lever, il va vivre, il va rater sa scolarité mais il va jouer, rire, aimer, enseigner, écrire, publier, il va monter sur scène, il va, comme on dit, « réussir » entre les mains discrètement protectrices du grand, toujours assis sur le muret. En quoi consistait-elle, cette protection ? En une courte phrase, par exemple, que le grand prononça un soir où le petit, revenu de l'école avec des résultats effroyables, s'était plaint d'être si con. Le petit s'était rué dans leur chambre, s'était jeté sur son lit et, quoique victime d'un chagrin authentique, avait donné une représentation théâtrale de son désespoir : Je suis con ! je suis con ! je suis con ! répété une bonne dizaine de fois en martelant son oreiller, comme il l'avait peut-être vu faire au cinéma.

À quoi le grand avait répondu, en interrompant un instant sa lecture et d'une voix on ne peut plus calme et convaincante :

— Mais non, si tu étais con, je le saurais.

REMERCIEMENTS

Ils vont à Emmanuelle Phélippeau-Viallard, qui nous accompagna loin, Bartleby et moi, à Françoise Molénat, qui eut la juste intuition de ce qu'était mon frère, et à Monique Prat, pour les cinq années que dura leur conversation.

Œuvres de Daniel Pennac (suite)

Aux Éditions Gallimard Jeunesse

Dans la collection « Folio Junior »

KAMO, L'AGENCE BABEL, *n° 800. Illustrations de Jean-Philippe Chabot.*

L'ÉVASION DE KAMO, *n° 801. Illustrations de Jean-Philippe Chabot.*

KAMO ET MOI, *n° 802. Illustrations de Jean-Philippe Chabot.*

KAMO, L'IDÉE DU SIÈCLE, *n° 803. Illustrations de Jean-Philippe Chabot. Hors série Littérature*

KAMO : Kamo, l'idée du siècle – Kamo et moi – Kamo, l'agence Babel – L'évasion de Kamo. *Illustrations de Jean-Philippe Chabot.*

Dans la collection « Albums Jeunesse »

LES DIX DROITS DU LECTEUR, *ingénierie papier et illustrations de Gérard Lo Monaco.*

Dans la collection « Écoutez Lire »

KAMO, L'IDÉE DU SIÈCLE. Lu par Daniel Pennac. *Illustrations de Jean-Philippe Chabot.*

KAMO, L'AGENCE BABEL. Lu par Daniel Pennac. *Illustrations de Jean-Philippe Chabot.*

MERCI. Lu par Claude Piéplu. *Illustrations de Quentin Blake.*

L'ŒIL DU LOUP. Lu par Daniel Pennac. *Illustrations de Catherine Reisser.*

CHAGRIN D'ÉCOLE. Lu par Daniel Pennac.

JOURNAL D'UN CORPS. Lu par Daniel Pennac.

ANCIEN MALADE DES HÔPITAUX DE PARIS. Lu par Olivier Saladin.

Dans la collection « Gaffobobo »

LE CROCODILE À ROULETTES. *Illustrations de Ciccolini.*

LE SERPENT ÉLECTRIQUE. *Illustrations de Ciccolini.*

BON BAIN LES BAMBINS. *Illustrations de Ciccolini.*

Dans la collection « À voix haute » (CD audio)

BARTLEBY LE SCRIBE d'Herman Melville dans la traduction de Pierre Leyris.

Composition : Nord Compo
Achevé d'imprimer
par Normandie Roto Impression s.a.s.
61250 Lonrai, en mars 2018
Dépôt légal : mars 2018
Numéro d'imprimeur : 1800600
ISBN 978-2-07-278630-3 / Imprimé en France

332695